イスラーム信仰叢書 3

イスラームの預言者物語

ムハンマド・ブン・ハサン・アルジール 選著
水谷周 編訳
サラマ・サルワ 訳

国書刊行会

写真１（上）写真２（下）預言者生誕の地　現在はマッカ市図書館とされており、特別な場所として訪れることを戒める掲示がある。カアバ聖殿のある聖マスジドのすぐ隣にある。

写真３（上）ヒラー山　610年、啓示が初めて降ろされた場所（水谷周撮影）。
写真４（下）サウル山　622年、マッカからアルマディーナに聖遷する際、追っ手を逃れるために一時逃れた山。

写真５（上）岩のドーム　691年完成。エルサレムは、イスラーム第三の聖地とされる。
写真６（中上）昇天の岩　預言者ムハンマドは岩のドームの中にあるこの岩から天馬に乗って天に昇り、礼拝の仕方を教わったとされる。翌朝にはマッカに戻った。
写真７（中下）マスジド・クバー　聖遷の際、初めてアルマディーナでラクダから足を下ろした地点であるクバーに建てられた。現在は近代建築となっている。
写真８（下）マスジド・アルキブラタイン　聖遷後１年半ほどして、礼拝の方向をエルサレムからマッカに変えるようにとの啓示が降りたマスジド。

写真９(上)預言者マスジド　預言者の家の隣に礼拝所があった。現在は一時に100万人の礼拝が可能になった。

写真10(下)預言者マスジドの内部　左のミフラーブ(礼拝方向を指す窪み)から右のミンバル(説教台)までを預言者は「清浄な園」と呼んだ。

編訳者の言葉

イスラームに入信する際に告げるべき言葉は、「アッラー以外に神はなく、ムハンマドはアッラーの預言者である」である。シャハーダと呼ばれているが、「証言」の訳語が当てられるのが普通である。

このシャハーダに明らかなように、ムハンマド（アッラーの祝福と平安を）を特記して、彼が預言者であるという一言には、イスラームの全思想体系が反映されていると言える。つまりアッラーは人類を創造されたが、預言者を遣わされて人々を導かれること、その預言者は歴史上各民族に送られたので多数に上るが、ムハンマド（アッラーの祝福と平安を）がその最後の最も完結した教えを伝えたといった事柄である。そこでそのような預言者を敬愛するといったことも自然と生まれてくるし、そのような側面はやがてムスリムの重要な心情となったのであった。

本書の特徴であり、出版の意義はまさしくこのようなムスリムの心情を飾らずに吐露しているのに、直接触れる機会を提供している点にある。それはサウジアラビアのイマーム大学アルジール教授が綴った本書第1部「預言者の諸側面」に、切々と表されている。また本書第2部では、彼らのそのような心情の重要な源泉となっている、預言者による語りを内容とする伝承の代表的なものが読みやすい形で邦語訳されている。それらの伝承の選択は、預言者による語りの伝承を専門的に研究された同教授によった。そしてその大切な翻訳には、日本人ムスリマでアラビア語翻訳に従事しているサラマ・

サルワ女史が当たったが、アラブ人学者に直接確かめつつ慎重に作業は進められた。また著者アルジール教授にいくつかの注文をつけて第1部の補強を図ったり、その他全体の調整と第1部の訳には、編訳者自身があたった。いずれの部においても日本語で読んで、以上のようなイスラーム信徒の心情に迫ることを目途とし、いわば生の資料を提供しているので、大半の学術書に見られるような脚注を多数付しての、関連・補足情報や出典は記さないままに残されている。この点は読者諸氏のご理解とご寛恕を請わねばならない。

以上のように預言者ムハンマド（アッラーの祝福と平安を）の存在をもっと身近にし、そのようにならないとイスラームも本当のところ十分にわからないのではないかとの思いが本書を貫いていると言える。そのような観点から、昨今、預言者（アッラーの祝福と平安を）を偲ぶ行事が増えており、編訳者も日本の雑誌に寄稿したことがあった。日本人から見ての預言者像の一例として、最後の参考欄に右記事を転載させていただいた所以である。

平成二十二年春

編訳者

最も慈悲深く、最も慈愛あまねきアッラーの御名において

はじめに

すべての人の主であるアッラーに称賛あれ、すべての人への慈愛として遣わされた人に祝福を。

本書『イスラームの預言者物語』をどうして私は、日本人の読者の方々、および日本語を読まれる方々に提供するのであろうか？　それにはいくつかの理由があるが、重要なものは次のとおりである。
1　本質的な理由として、預言者ムハンマド（アッラーの祝福と平安を）のすべてのものに対する責務があり、また人々の中でも日本人についても言えることだが、それはアッラーからの万物に対する慈愛であり、男女双方への恵みであったということである。一つには正しい知識を伝えるということ、次いでは慧眼と平安をもって人生を正しく生き抜く道標を示すべく、その知識を説明するということであった。その教えに従うことで、悪魔のささやきのために人類の祖であるアーダムとハウワー（イヴ）が追い出された天国に、信者は行くことができるのである。そこで日本の方々にとっても預言者（アッラーの祝福と平安を）の個性を知り、その生涯の言動に触れるのは当然の権利である。なぜならば、彼のメッセージは日本人にも向けられており、日本人は敬われるべき人類の一部であるからだ。
2　在東京のアラブ　イスラーム学院長としてこの五年間を過ごしたが、日本の方々にアラビア語を

教え、イスラーム文化の紹介に務めてきた。その間、友好的な日本人はそのさまざまな美徳において、私を大変魅了するものがあった。またそれらの美徳の多くは、イスラームと共通しているものでもあった。例えば、人を大切にし、その諸問題に対処し、両親や高齢者を敬い、子供たちを慈しみ養い、隣人に敬意を表することである。また真剣さ、努力すること、時間や組織を尊重し、責任感を大にし、約束時間を守り、仕事を達成し、団体精神に留意し、専門性と関係者への配慮をし、関係ないことに無駄に口出ししないことなどもある。さらには伝統への関心、文化への配慮、芸術的美的な感覚の高尚な精神に満ちており、造形美術の高い嗜好、文学方面での習熟、生花芸術、人や自然における美的外観の評価などもある。こういった良い経験を積むことができ、優秀な民族としての評価を高めてきたからこそ、私としては伝統と文化の貴重な部分を日本の方々に紹介したいと強く望むにいたったのであった。つまり、人間としてその模範にもなり、完璧さと香るようなすばらしい生涯において独尊である、ムハンマド（アッラーの祝福と平安を）についてのこの貴重なまとめを提示したいと考えたのである。

3

私のイスラームに関する信条の原点として、人は元来一つであるということがある。アーダムとハウワーという、一つの家族の子孫なのである。このことは私と一緒に日本の方々が、預言者（アッラーの祝福と平安を）についての知識を共有されるように力を尽くすべきだということにもなる。聖クルアーンには、アッラーはわれわれに男女の別を設けて、また諸民族や部族の別を設けて創造されたのは、互いに知り合うためである、とある。そこでわれわれは、互いに経験や情報を交換し、互いの理解を深め、もっと互いに近くなり協力し合うようになるべきである。聖クルアーンに言う。

「人々よ、あなた方をわれは男女に、そして諸民族や部族に創造したのは、あなた方が互いに知り合うためである。アッラーの下において、あなた方の中で一番尊いのは、最も篤信な人たちである。」

慈愛の預言者ムハンマド（アッラーの祝福と平安を）に関して本書のような簡潔な形ではあるが、ここに友人たる日本の皆様にお示しできることは幸いである。また日本語を読まれる方々にも見ていただけることは幸いである。

高い評価と敬意を表しつつ、

著者　教授・博士　ムハンマド・ブン・ハサン・アルジール

東京　二〇一〇年四月

目　次

第1部　預言者の諸側面

第1部　預言者の諸側面

1　預言者略伝

西暦五七一年、預言者ムハンマド・ブン・アブドゥッラー・ブン・アブドルムッタリブ（彼にアッラーの祝福と平安を）は、マッカのクライシュ族に生まれた。＊ 母親アーミナ・ビント・ワハブの腹の中にいる間に、その父親、アブドゥッラーは亡くなった。幼年はバニー・サアドという遊牧民の下で過ごし、四歳になるまで養母ハリーマ・アルサアディーヤの世話で成長した。

＊生年については、天文学的に西暦五七一年四月二十日、または二十二日との説に従う。アルマンスール・ファウズィー・マハムード・バーシャー著『天文学的検討結果』ベイルート、二八－三五ページ。

この養母が母親に彼を返すことになったのは、彼に起こったある事件の意味が理解できなかったからだった。その事件とは、ある日彼が砂漠で子羊を一人で世話していた時、二人の天使がやってきて彼の腹と心臓を切り裂いて、一つの黒い血の塊を取り出した。そして天使の一人は雪の水で彼の腹を、もう一人は霰《あられ》の水で心臓を洗ってそこに安寧を広めた。それから開かれた個所を閉じて、預言者の判を押したのだった。母親のアーミナはその事件を知らされたが、少しも恐れる風はなく言った。「彼を生んだ時には光が出て、シリアの城を照らすのを見たのです」と。彼が六歳の時に母親は亡くなったので、祖父のアブドル・ムッタリブが八歳まで、それから後は伯父のアブー・ターリブが後見者となった。

小さい頃は羊飼いをしたが、その後はハディージャ・ビント・フワイリド（アッラーの御嘉しを）

という貿易商をする女性の下で商売に従事することになり、そのためシリアにも旅した。彼は人々に品行方正とその誠実さで知られ、「信頼」とか「正直」と綽名されていた。このような彼の性格もあり、しばらくしてハディージャは彼が気に入り、結婚することになった。その頃より彼は偶像を嫌悪しそれを崇拝するという土地の風習を避け、酒は飲まず、いかがわしいことや悪行をすっかり遠ざけるようになった。他方、近くにあるヒラー洞窟で一人、昼といわず夜といわず籠ることが好きだった。また例えば、慈善団体に参加して公益事業に携わり、不正を正すのに助勢したりした。

彼が三五歳の時には、クライシュ族はカアバ聖殿を修理したが、そのさい黒石を安置するという名誉な仕事を誰がするのかでもめた。そこで「信頼されるムハンマド」に調停が委ねられたところ、彼は服布を取り出しその上に黒石を置き、その布の四つの隅を指導的な家柄の人たちに持たせて運ぶことで公平に問題を解決した。こうして周囲の人の信頼はさらに増した。

その頃の人々の良い点は、誉れ、忠実さ、勇気を尊ぶことなどであったが、またカアバ聖殿を祀りその周りを巡回し、一般にイブラーヒーム（彼に平安を）の教えである一神教を引き継いでいた。しかしかなりそれを改変し、また逸脱し、特に偶像が多数置かれて、唯一のアッラーの存在を侵す形になっていた。当時は多くの人が多くの土地で多神教を信じ、真実は姿を隠していたのであった。

このような中で、アッラーはムハンマド（平安を）に対して天使ジブリールを遣わされ啓示をもたらされた。それはヒラーの洞窟で籠っていた時に、世界へのアッラーの使徒である彼に、アッラーの言葉である聖クルアーンが降ろされた。その最初の文句は次のものであった。

「読め、『創造なされる御方、あなたの主の御名において。一凝血から、人間を創られた。』読め、『あなたの主は、最高の尊貴であられ、筆によって（書くことを）教えられた御方。人間に未知なることを教えられた御方である。』」（凝血章九六・一－五）

これに続いていろいろな章が降ろされたが、彼は人々にそれらを説明するよう命じられた。それからまた、アッラーは唯一であり、一切居並ぶものは存在しないことも教えられ、人々が礼拝するように導くよう命じられた。「包《くるま》る者よ。立ち上がって警告しなさい。あなたの主を称えなさい。またあなたの衣を清潔に保ちなさい。不浄を避けなさい。」（包る者章七四・一－五）

偶像を捨てて、唯一の神アッラーを礼拝するように、人々に呼びかけ始めた。一三年間はマッカでそれを続けたが、さまざまの迫害にもあった。まずは家族から、次いで外へと、優しさと柔軟性をもって当たった。それは部族、民族、アラブ人、非アラブ人、そして世界へというように輪を広げた。人々に真実を伝えるようにアッラーは命じられ、また混乱している人たちの反対は意に介する必要はないとされた。これについてアッラーは言われた。「だからあなたが命じられたことを宣揚しなさい。そして多神教から遠ざかれ。』」（アル・ヒジュル章一五・九四）また、「預言者よ、本当にわれはあなたを証人とし、吉報の伝達者そして警告者として遣わし、かれの許しでアッラーに招く者、光明を行き渡らせる灯火として（遣わした）のである。」（部族連合章三三・四五－四六）

彼が五〇歳になった時、その伯父アブー・ターリブはムスリムにならないままで亡くなった。彼を助け、またいろいろの迫害から彼を守ってきた人だが、ムスリムになると敵の攻撃から預言者（平安を）を守りにくくなるからであった。それから、いとしの妻ハディージャも亡くなったが、それは彼の深い悲しみであった。

その後彼は、郊外の街ターイフに赴いて人々へ伝教を試みたが、石を投げられたり反発と迫害にあって追い返された。そこへアッラーは天使のアルジバールを送られ、「もし望むのならば、罰として彼らを二つの山で押さえよう」と言った。しかし彼はそれを拒んで言った。「彼らの中からアッラーだけを拝んで、一切同格なものを並置しない人を選んで抽出されるように望んでいる。」これは彼の敵対する人々への慈悲とお情けの表れであったと言えよう。

次いでマッカの聖マスジドからエルサレムのマスジド・アルアクサーまでの夜の旅が行われたが、それは天馬ブラークに乗って天使ジブリール（平安を）に付き添われてであった。そこでアーダムら他の預言者たちと会って礼拝し、天国の最上階まで連れられて行き、アッラーからムスリムの義務たる礼拝の仕方を教えられた。そして日の昇る前にマッカに戻り、この話を人にしたら、信者はそれを信じ、不信者はそれを嘘だとした。聖クルアーンに言う。「かれに栄光あれ。その僕《しもべ》を、（マッカの）聖なるマスジドから、われが周囲を祝福した至遠の（エルサレムの）マスジドに、夜間、旅をさせた。わが種々の印をかれ（ムハンマド）に示すためである。本当にかれこそは全聴にして全視であられる。」（夜の旅章一七・一）

次いでアッラーはマッカの人たち相当数がイスラームに改宗してイスラームの教友となってから、アルマディーナへの聖遷を彼に許された。一緒にお供して移動したのは、偉大な教友アブー・バクル・アッシッディーク（アッラーの御嘉しを）であった。アルマディーナの入り口では信仰にもとづいてマスジド・クバーが建てられ、アルマディーナに入ってからはそのラクダが初めて膝をついた地点に、預言者マスジドを建設された。

それからというもの、イスラームは人々の信仰を集め目立つ存在になっていった。マッカ平定後はアラビア半島を席巻し、人々は集団で入信した。また諸国の王には書簡でイスラーム入信を勧めたし、ユダヤ人学者で入信する者もいた。六二歳になりアルマディーナで一〇年を過ごした後、最後の巡礼も果たした。聖クルアーンに言う。

「今日われはあなたがたのために、あなたがたの宗教を完成し、またあなたがたに対するわれの恩恵を全うし、あなたがたのための教えとして、イスラームを選んだのである。」（食卓章五・三）

それから数カ月して西暦六三二年、預言者ムハンマド（平安を）は任務とその使命を果たして、アッラーの下に召されたのであった。

2　預言者の任務――伝教

預言者ムハンマド（アッラーの祝福と平安を）に託された唯一の任務は、同時に彼に従う者たちの任務でもある。それはイスラームの教えを人に伝えるということである。それと聖クルアーンの魅力あり崇高な教えを広め、それに従うように唱導することである。そこには二つの世界において良好で正しい事柄が説かれている。二つの世界とは、この世とあの世である。

天使ジブリールが預言者ムハンマドにもたらしたアッラーの言葉である聖クルアーンは言う。「われは明瞭な印と啓典とを授けた。われがあなたにこの訓戒を下したのは、かつて人々に対して下されたものを、あなたに解明させるためである。」（蜜蜂章一六・四四）また、「われがあなたに啓典を下したのは、只かれらの争っていることについて解明するためである。」（同章一六・六四）また、「われはあなたに、あなたが主の御許しによって、人々を暗黒から光明に、偉大な讃美すべき方の道に導き出すために啓典を下した。」（イブラーヒーム章一四・一）また、「もしかれらが背き去っても、われはかれらへの見張り人として、あなたを遣わした訳ではない。」（相談章四二・四八）

こうして預言者（平安を）は任務と使命を実行し始めた。それは言動を一致させ確信を伴っており、どのような艱難辛苦があっても背負う用意があった。彼は事実さまざまな労苦をしのいでも伝教にひるむことがなかった。

しかし人々は種々阻止しようとし、また嘘つき呼ばわりしようとし、心身ともに阻害した。心配事は重なり、アッラーがその肉体的苦労をまさる心労から救うこともあった。称賛され高邁なアッラーは天使ジブリール（平安を）を介して、あまりに強固に阻止しようとする連中を懲罰するために、天使アルジバールを遣わしたことを告げられた。

前回触れた話だが、もし預言者（平安を）が天使アルジバールに本当に望まれたならば、人々に山を二つ押さえつけて懲罰することになっていただろう。しかし預言者（平安を）は彼らに親切で、慈悲深く寛大だった。信仰が光を与え心は洗われており平静で、アッラーの永久のメッセージを伝えるにふさわしかった。彼の反応も情熱に満ち、他方繊細であり情け深いもので、「何も神に並置することなく、唯一の神を礼拝する人を選んで下さい」というものであった。初めはひそかに、そして後には公にアッラーだけを崇めるように人々に訴えた。それは知恵と優れた覚醒により、聖クルアーンでアッラーが言われたように、より良い方へ人を導くべく論争した。天からのアッラーの導きに人はすがりたがるようになり、人には心の平静と安寧と信者が心の中で感じる幸福を与えた。そこには心配事や戸惑いや落ち込みはなく、信仰の甘美さと確信を享受するのであった。

好機を忍耐強く待ち、唱導に応じる人を待ち、そうして彼らに情け、親切さ、知恵でもって真実を説明した。その手法をさまざまに選んで、読み物、知恵、諺、物語などを使った。こうして実際的で動的な姿で人に伝え、人の生活や人生にも影響する原則や価値をはっきり示されたのであった。

預言者（平安を）は人々の心に精神生活を送り届けたいと願っていた。人の心に思考を目覚めさせたいと願っていた。物語は生活の諸側面を描き、道徳、思想精神的な方向性などに優れ、聞いたり読んだりする人に心を開き、善良な性格の人に反響をもたらすようになった。また人々はその善良な言動になびき、他方で悪行とその不正と暗黒からは遠ざけられた。こうしてその持てる時間と能力と手法をもって真実を人に伝えた。個人、集団、近くの部族、諸部族、アラブ人、と広がり、さらに遠くの諸国の王や指導者たちへは書簡でこの教えを伝えた。それは以前に、アッラーは数々の預言者を遣わされ、伝教されてきたようなものであった。

預言者（平安を）は、忍耐強くかつ思慮深くこれらを継続した。そして安寧を伝え使命を果たしたが、アッラーはその教えを完成され、預言者（平安を）の最後の巡礼において最後の聖句が降ろされた。「今日われはあなたがたのために、あなたがたの宗教を完成し、またあなたがたに対するわれの恩恵を全うし、あなたがたのための教えとして、イスラームを選んだのである。」（食卓章五・三）とアッラーは言われた。最後の巡礼の際の説教では、預言者（平安を）は人々に教えを諭され言われた。「神よ、伝えられましたか？」人々は答えて言った。「神よ、われわれは（預言者（平安を）が）伝えられたことを証します。」預言者（平安を）はそれから数カ月して亡くなられた。

3　聖クルアーンは奇跡

いろいろな民族に預言者が送られたが、その預言者は神に支えられていることをはっきりさせるために、何らかの奇跡を起こすように差配されていた。それはその民族の特性にマッチしたものでもあった。そこでムーサー（平安を）は、彼の民族は魔術に長けていたので、杖を蛇に変える技をやってのけた。またイーサー（平安を）は医術の方面で奇跡を起こした。負傷者や病人を治し、また死者をアッラーの許しを得て復活させることもあった。

預言者ムハンマド（アッラーの祝福と平安あれ）は明澄で説得的な言葉を使う、言語上の奇跡を起こされた。彼の民族はアラブであり、それは能弁さと明確さで知られていた。素晴らしい詩人や演説家は多数いた。つまり言わば、預言者（平安を）の奇跡は、聖クルアーンであったと言える。それは「純粋明確なアラブの舌」（蜜蜂章一六・一〇三）に降ろされたのであった。

聖クルアーンはアッラーの言葉であり、ムハンマド（平安を）の言葉ではない。そこでアッラーは、そうではないと主張する人々に対して、それならば同じような言葉を持ってくるがいいと、挑戦されたのだ。そうして聖クルアーンのような調子の言葉を、人間の口から発することができるのか、と問い質された。しかしそのようなことは、周囲の誰もできなかった。

そしてアッラーは言われた。「言ってやるがいい。たとえ人間とジンが一緒になって、このクルア

ーンと同じようなものを齎そうと協力しても、(到底)このようなものを齎すことはできない。」(夜の旅章一七・八八)

「または、『かれ(ムハンマド)がこれを偽作したのである。』と言うのか。いや、かれらは信じてはいないのである。」(山章五二・三三)

次いでアッラーは挑戦の度合いを低くされて、全体ではなくて聖クルアーンの一〇章ほどでよいから持ってくるように言われた。「またかれらは、『かれがそれ(クルアーン)を作ったのです。』と言う。言ってやるがいい。『もしあなたがたの言葉が真実ならば、それに類する一〇章を作って、持ってきなさい。またできるならあなたがた(を助けることのできる)アッラー以外の者を呼びなさい。』」(フード章一一・一三)

その後から、こんどは一〇章ではなく、どんなに短くてもよいから一つの章でも持ってきなさいと言われた。「またかれらは言うのである。『かれ(ムハンマド)がそれを作ったのですか。』言ってやるがいい。『それなら、それに似た一章を持ってきなさい。またあなたがたの言葉が真実ならば、アッラー以外にあなたがたを助けることのできる援助者に願ってみなさい。』」(ユーヌス章一〇・三八)

それからアッラーは言われた。「もしあなたがたが、わが僕《しもべ》に下した啓示を疑うならば、それに類する一章でも作ってみなさい。もしあなたがたが正しければ、アッラー以外のあなたがたの証人を呼んでみなさい。もしあなたがたができないならば、いやできるはずもないのだが、それならば、人間と石を燃料とする地獄の業火を恐れなさい。それは不信者のために用意されている。」(雌牛章二・二三-二四)

たしかに聖クルアーンは奇跡であった。人々はそれと同じか、それに類しているもの、あるいはそのうちの一章さえも持ってこられなかったのである。さらには、一章より短いものもだめだった。それほどに雄弁で明確な表現、言辞を発出することはできなかったのであった。あるいは能弁でしっかりして、欠けたところや食い違いのない言葉は出てこなかった。アッラーは言われた。「もしそれがアッラー以外のものから出たとすれば、かれらはその中にきっと多くの矛盾を見出すであろう。」（婦人章四・八二）

聖クルアーンの修辞法にはさまざまある。それらについてアッラーは人間に挑戦されたのだが、例示すれば次のとおりである。表現方法、文体の調和、意味伝達の細かさと内容の程度の高さである。包含する意味内容は豊かであり、アッラーしかその全容は捉えられないほどである。それは過去の情報と将来の情報、双方を含んでいる。同時にそれは、アッラーしか知らない見えざる事柄についての情報も含み、さらにはあの世の情報も入っている。

それらは結局、包括的な形でイスラームの法律を提供していることにもなる。それは公正と真実の上に立ち、生活の利益を増進し、間違いのない真っ直ぐな道を歩ませてくれるのである。それは同時に、間違ったものを背後ではなく正面から是正する意味にもなる。人の心は真っ直ぐになり、その精神生活、社会的道徳的な生活も正される。精神的な影響力の大きさも奇跡的と言うべきで、心、魂などにも霊的精神的な押さえが効いてくる。それはアッラーの力にもとづくもので、アッラーの秘儀とも言えよう。

さて次には知的な方面の奇跡について触れたい。聖クルアーンの文言には、天文やその他科学的な知識を多く含んでいる。それらに人が気づくのは何百年も後の時代になって、科学が進みまた器材も活用し、さまざまな発見があってからであった。それと複雑な諸研究も進展してからだった。聖クルアーンは一四世紀も前に現れたがその中に出てくる科学的知識は豊かで、したがって全貌を語るのは大変な時間が必要となる。ここではその要点を述べることにしたい。

明瞭に科学的な事実を述べたり示唆したりしている個所が種々ある。生きとし生けるもの全てを創造されたのは、唯一の主アッラーであり、アッラーこそは全知でありまた最も優しく多くを教える御方である。それらの聖クルアーンの個所は、人に思考し熟慮することを求める内容にもなっている。

一例として上げるのは、蜜蜂の世界に関する表白の部分である。聖クルアーンに言う。「またあなたの主は、蜜蜂に啓示した。『丘や樹木の上に作った屋根の中に巣を営み、（地上の）各種の果実を吸い、あなたの主の道に、障碍なく（従順に）働きなさい。』それらは、腹の中から種々の異なった色合いの飲料を出し、それには人間を癒すものがある。本当にこの中には、反省する者への一つの印がある。」（蜜蜂章一六・六八―六九）

聖クルアーンの文言には天文に関しての記述もある。たとえば星座の構成は互いに結ばれた織物のようだが、その一つ一つはよく観察すると織られた糸のようになっている。このことは最近になって科学的に発見された事柄である。聖クルアーンには、「おびただしい軌道をもつ天にかけて（誓う）」（撒き散らすもの章五一・七）という言葉がある。これは複雑に散らばっている天の軌道の様を語ったものだ。

また同様に聖クルアーンで、山について言っている個所がある。「また山々を、杭としたではないか。」（消息章七八・七）「誰が、大地を不動の地となし、そこに川を設け、そこに山々を置いて安定させ、二つの海の間に隔壁を設けたのか。アッラーとともに（それをできる外の）神があろうか。いや、かれらの多くは知らないのである。」（蟻章二七・六一）

この種の文言はたくさん聖クルアーンにある。そして一九世紀の初めには、科学者たちは、山々はいわば根っこのように、地表より相当深くまで達しているという結論を得るに至った。

人についても、アッラーは本当に微細な点までその意思を到達されている。聖クルアーンに言う。「いや、われはかれの指先まで揃えることができるのである。」（復活章七五・四）「またわれは大地を伸べ広げて、山々をその上に堅固に据えつけた。」（アル・ヒジュル章一五・一九）

「太陽が月に追いつくことはならず、夜は昼と先を争うことはできない。それらは、それぞれの軌道を泳ぐ。」（ヤー・スィーン章三六・四〇）

この他このような節や文言は多数ある。このように聖クルアーンは理性的に明瞭な説明をするために降ろされた。それはあの世とこの世という二つの世界に関与する預言者に降ろされ、したがって全員に向かって降ろされたものである。それはアッラーが大地を伸べられ、人を創造されて以来、いつの時代にも妥当する教えである。理性ある人ならば、信じてムハンマド（平安を）の使命にもとづく呼びかけに応じることになろう。

聖クルアーンは理性的な判断と、アッラーの偉大な業をよく観察することに依存している。だからそこには、天文に関する章や節がいくつもあり、知的な秘密も隠されていることを知るのである。ムハンマド（平安を）はよく知られているように、文盲で読み書きはできなかった。それなのにこのような聖クルアーンは説明上の奇跡、判断上の奇跡、知的な奇跡、天文についての文言に満ちているのである。ムハンマド（平安を）に導きと真実の教えを送られたわれわれの主、アッラーに称賛あれ、そして全世界にお慈愛のあるように。

4　最後の預言者

人間は種々の発展段階を経て進んできた。いろいろな体験を経たわけだが、その間にさまざまな預言者にも巡り合ってきた。そして宗教もさまざまであった。預言者ムハンマド（アッラーの祝福と平安を）直前の預言者は、イーサー（平安を）であったが、最後の締めくくりの預言者としてムハンマド（平安を）が送られたのであった。彼はアッラーが人間に齎された教えを確認し、その言葉を信頼し、並びなき唯一のアッラーに仕えることを呼びかけた。それはまた、諸観念を正し、イスラーイールの民が論争していた事柄を明らかにするものでもあった。

聖クルアーンに言う。「われがあなたに啓典を下したのは、ただかれらの争っていることについて解明するためであり、信仰する者に対する導きであり慈悲である。」（蜜蜂章一六・六四）

一連の預言者はムハンマドで終結されたわけだ。そしてそれ以後、預言者は送られなかった。クルアーンを見よう。「ムハンマドは、あなたがた男たちの誰の父親でもない。しかし、アッラーの使徒

であり、また預言者たちの最後の封印である。本当にアッラーは全知であられる。」（部族連合章三三・四〇）

聖クルアーンでは何人かの預言者については話が出ているが、他方何も触れられていない預言者たちもいる。そして判明している情報から総合すると、それらの預言者たちは、一つの源から出てきている。それは一つの家族の家系図をなしており、その最後にいるのが預言者ムハンマド（平安を）である。いわゆるファミリー・トリーに描いてみると、次ページのようになる。預言者伝承には、「人間はアーダムから、そしてアーダムは土から。」という言葉がある（アルアルバーニーの書『アルタハーウィーヤ』はこれを真正な伝承としている）。

聖クルアーンに言う。「本当に、あなたがたのこのウンマこそは、唯一の共同体である。そしてわれはあなたがたの主である。だからわれに仕えなさい。」（預言者章二一・九二）

預言者ムハンマド（平安を）は最後の預言者として、アッラーの元から教えを持ってくる人たちを終結させたのである。その教えとは並ぶものなく、アッラーにのみ仕えるということに尽きる。聖クルアーンに言う。「本当にわれは、各々の民に一人の使徒を遣わして、『アッラーに仕え、邪神を避けなさい。』と（命じた）。」（蜜蜂章一六・三六）

マッカ（メッカ）の聖マスジドから、夜をかけて預言者（平安を）をパレスチナのアルアクサー・マスジドに遣わされたことがあった。ブラークという天馬に乗って飛んでゆき、その側には天使のジブリール（平安を）が同伴していた。到着するとまず多くの預言者たちに祝福の礼拝を挙げられた。そうしてから、一番下の層の天空に入り、そこにはアーダム（平安を）がいるのを見られた。その右

記

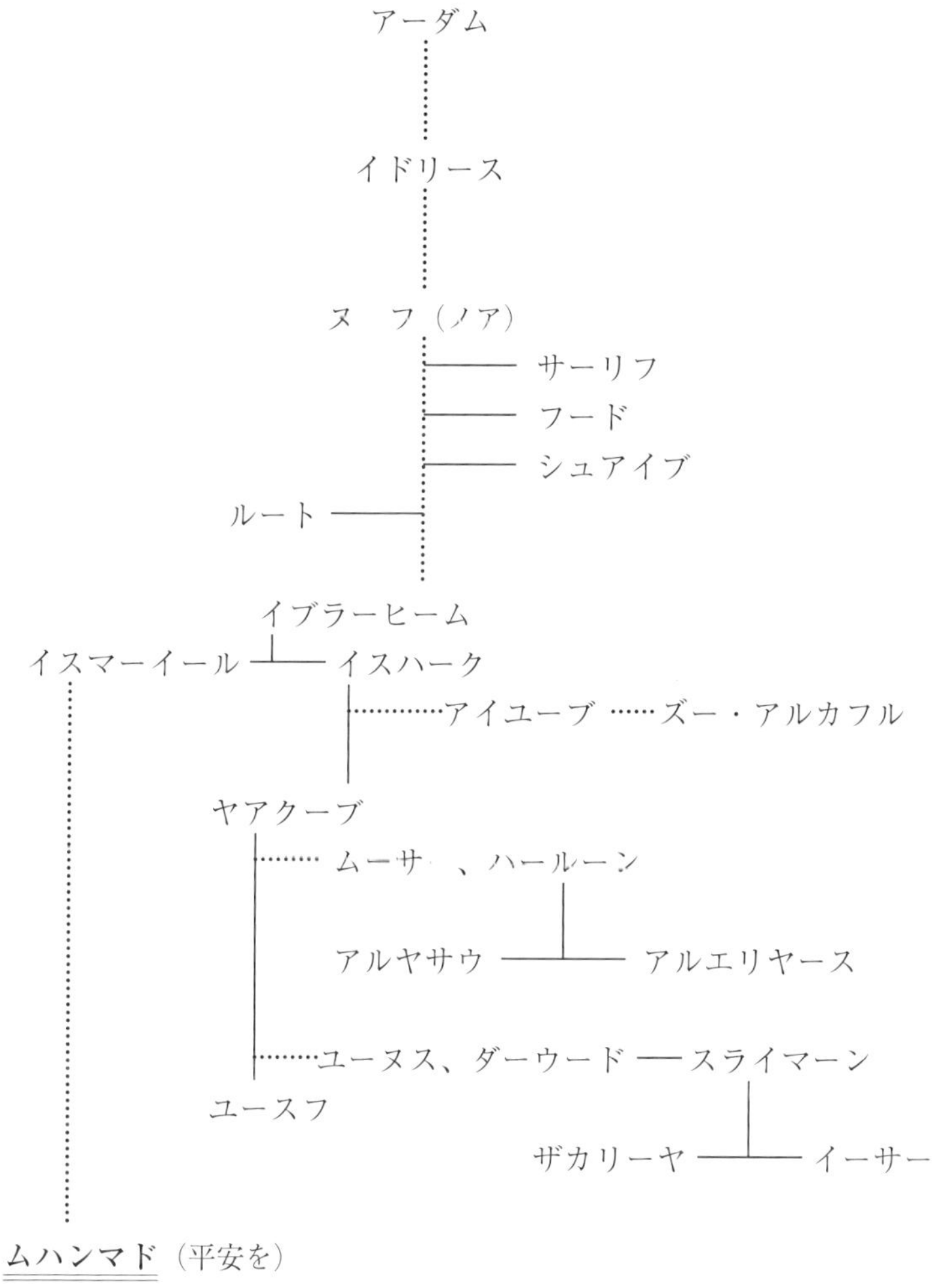

（直線は直系を、点線は世代間が空いていることを示す）

手には幸福な霊魂たちがおり、左手には不幸な者たちがいた。次に二番目の層に入り、そこでイーサーとヤハヤー（両名に平安を）を、三番目の層ではユースフ（平安を）を、四番目の層ではイドリース（平安を）を、五番目の層ではハールーン（平安を）を、六番目の層ではムーサー（平安を）を、七番目の層ではイブラーヒーム（平安を）に会われた。

次いで最後に最上層へ上ったら、アッラーが話しかけられ、誉れを与えられ、それから彼とその人々に対して一日の昼と夜の間に五〇回の礼拝を義務づけられた。しかし後では、それと同じご利益があるものとして、それを五回に軽減された。その後、朝になる前にマッカに戻された。そこで人々に何が起こったかを話されたところ、信者たちは皆それを信頼し、他方不信者たちは嘘だと言った。

この夜の旅と昇天の話は、ムハンマド（平安を）がアルアクサー・マスジドで祝福し祈り、天空で会うことができた一連の使徒たちの最後のアッラーの預言者であるということの、決定的な証左であると言えよう。

アッラーの使徒ムハンマド（アッラーの祝福と平安を）が呼びかけたイスラームでは、従来の天啓の教えを尊敬しその書物や使徒たちも信じるのである。聖クルアーンに言う。「使徒は、主から下されたものを信じる、信者たちもまた同じである。（かれらは）皆、アッラーと天使たち、諸啓典と使徒たちを信じる。わたしたちは、使徒たちの誰にも差別をつけない（と言う）。また、かれらは（祈って）言う。『わたしたちは、（教えを）聞き、服従します。』」（雌牛章二・二八五）

また聖クルアーンに言う。「言え、『わたしたちはアッラーを信じ、わたしたちに啓示されたものを信じます。またイブラーヒーム、イスマーイール、イスハーク、ヤアクーブと諸支部族に啓示されたもの、ムーサーとイーサーに与えられたもの、それから主から預言者たちに下されたものを信じます。かれらの間のどちらにも、差別をつけません。かれにわたしたちは服従、帰依します。』」（雌牛章二・一三六）

こうしてイスラームは預言者たち全員の呼びかけるところであり、教えの根本は一つなのである。たとえ諸義務や諸行為が異なったとしても、最後の完全な姿はムハンマド（平安を）に見出せるのだ。アッラーは言われた。「イスラーム以外の教えを追求する者は、決して受け入れられない。また来世においては、これらの者は失敗者の類である。」（イムラーン家章三・八五）

5　預言者と使徒

アッラーが人々に送られた使徒である預言者ムハンマド（アッラーの祝福と平安を）についてさらに話を続ける前に、ここで「預言者」と「使徒」の使い分けについて説明しておきたい。よくそれについて質問が寄せられるからである。預言者とは、アッラーがその啓示を送られた人たちのことで、非信者たちにその啓示を伝えることは求められていない人々である。他方使徒とは、啓示を送られた人のうち、信者になるべき人々や民族に遣わされてその啓示を伝えることが求められている人たちのことである。

したがって、使徒たちは全員預言者である。しかし預言者たちは、全員使徒であるわけではない。ヌーフ（ノア）が最初の使徒であり、その前は預言者しかいなかったのであり、それは例えば、アーダム、ルート、イドリースなどである。教友の一人イブン・アッバースは言った。「アーダムとヌーフの間には、一〇世紀ほどあったが、全員イスラームに従った。それらの預言者には、その言動に関する啓示が降ろされた。そしてその啓示を信者に命じていたが、それはあたかも学者たちが使徒の教えに倣って人々に伝えていたものを、一神教の信者たちが受け入れていたようなものであった。それはまたユダヤ律法（トーラー）の教えをイスラーイールの子孫が命じていたようなものであった。」預言者伝承で間違いなく伝えられているところだが、ヌーフ（平安を）はアッラーを信ぜずその使徒を嘘つき呼ばわりする人々に遣わされた、初めての預言者であった。

使徒は新たに法を齎さなければならないということはない。たとえばユースフ（平安を）はアッラーの送られた使徒であったが、イブラーヒームの法に則っていた。同様に、ダウードとスレイマーンは、トーラーの法によっていた。

このムハンマド（平安を）が預言者であったのは、アッラーから啓示をうけたからであった。また彼が使徒であったのは、その周囲の人々がアッラー以外のものを崇めていたところへ遣わされたからであった。そしてムハンマド（平安を）は、生活の事柄全体を包摂する新たな法を完璧で包括的な形で齎したのであった。また彼はアッラーから遣わされる、最後の預言者でもあった。また全預言者、全使徒の中でも、最善の御方であった。だからこそ、ムスタファー（選ばれた人）という名前でも呼ばれている。

聖クルアーンに言う。「アッラーは、天使と人間の中から、使徒を選ばれる。本当にアッラーは全聴にして全視であられる。」（巡礼章二二・七五）

ムハンマド（平安を）が真にアッラーに選ばれた人である証左は、アッラーが保存し残すことを約された書である、聖クルアーンは彼を通じて下ろされたということからも明らかである。聖クルアーンは言う。「本当にわれこそは、その訓戒を下し、必ずそれを守護するのである。」（アル・ヒジュル章一五・九）

また質問があると思われるのは、従来の書物をどう考え、イスラームはそれをどう捉えるのかということであろう。たとえば、イブラーヒーム（平安を）の書（ソホフ）、ムーサー（平安を）に降ろされた書（トーラー・律法）、ダウード（平安を）に降ろされた書（アルザブール）、イーサー（平安を）の書（インジール・福音書）である。それらに対するムハンマド（平安を）の立場も質問されるかもしれない。そこで以下にいくつかの諸点を述べたい。

1　ムスリムの信仰は、それら全ての書物を信じるということである。聖クルアーンに言う。「使徒は、主から下されたものを信じる、信者たちもまた同じである。皆、アッラーと天使たち、諸啓典と使徒たちを信じる。わたしたちは、使徒たちの誰にも差別をつけない。また、かれらは言う。『わたしたちは、（教えを）聞き、服従します。』」（雌牛章二・二八五）

2　聖クルアーンは、崇高なアッラーがその預言者たちと使徒たちに真実と導きをもって天啓の書物を降ろされた事情について、次のように言う。「人類は（もともと）一族であった。それでアッラーは、預言者たちを吉報と警告の伝達者として遣わされた。またかれらとともに真理による啓典（キターブ）を下し、それで、人々の間に異論のある種々のことについて裁定させられる。」（雌牛章二・二一三）

ここで啓典とはどれか個別のものではなく、全体を指しているのである。だからこそ、それは単数形（キターブ）になっている。いろいろあるにしても、それらは一つの書物と同じなのである。なぜならばその真髄は一つであるからだ。

そしてアッラーへの信仰とその唯一性の信奉という、一つの法の源によっている。アッラーに並び立つ者はなく、アッラーへの服従あるのみである。また最後の審判の来ることも信じる。もちろん詳細にわたれば異なる面はあり、諸規則や包括性、完璧さなどで異なる面もある。聖クルアーンを引用する。「本当にわれは、各々の民に一人の使徒を遣わして『アッラーに仕え、邪神を避けなさい。』と（命じた）。」（蜜蜂章一六・三六）

3　聖クルアーンはアッラーが使徒ムハンマド（平安を）に下された書物であるが、それは以前の書物を上回るものである。またそれは最後に降ろされたもので、すでに言ったように最も完璧で最も包括的である。そしてそれによって、アッラーは「教え」を完璧にされ、その「恵み」を全きものにされた。聖クルアーンを見よう。「今日われはあなたがたのために、あなたがたの宗教を完成し、またあなたがたに対するわれの恩恵を全うし、あなたがたのための教えとして、イスラームを選んだのである。」（食卓章五・三）

4　聖クルアーン以前の諸啓典の中でも、トーラーとインジールしかわれわれに伝えられていないのは事実である。しかもそれらもアッラーから降ろされたままではなく、さまざまな改竄や入れ替えが行われている。アッラーはこのように、以前の書物からは変更や改竄の恐れを除去されなかったのであった。

5　変更や改竄の恐れから守られることを約されたのは、聖クルアーンしかないのである。それには不変性と永劫性を与えられた。先に引用したとおりだが、「本当にわれこそは、その訓戒を下し、必ずそれを守護するのである。」（アル・ヒジュル章一五・九）

アッラーが聖クルアーンを守護されたのは、それが教えの根本で法の最後の護りで呰だからである。最後の瞬間まで人々の教えとなり、最後の教えだからだ。またそれはイスラームの証であり、最大の奇跡であるからだ。いつでも妥当し、地上のどの国にも向けられ、また復活の日まで妥当する。それはまた、完璧な諸規則を含み、完全な指導を含んでいるからだ。それはまた、人のあらゆる場合における必要性を満たし、従来の諸啓典の真実、導き、明かりなど全てを包括しているからである。こうして全書物を肯定しつつも、全真実を総合し、さらにはアッラーが望まれる部分はそれを追加している。

6　全世界への慈悲

アッラーがムハンマド（アッラーの祝福と平安あれ）を遣わされたのは、全世界への慈悲の使いとしてであった。聖クルアーンに言う。「われは只万有への慈悲として、あなたを遣わしただけである。」（預言者章二一・一〇七）

慈悲であるという意味は、人々が彼のもたらしたアッラーの教えとその規則に従うならば彼らを地獄の業火から助け、また彼は被造者全体へ情けをかける大きな存在であり、被造者に同情を持つものであるということだ。さらに彼は感覚に素直で、その繊細さは被造者の痛みを感じ、その痛みを減少させ貧者を助け、不義を正すためにあらゆることを行う。そして被造者には人間、動物、鉱物を含み、それらの大小を問わず、また信者、非信者を問わない。小さな子供にも親しげに優しくし、また冗談を言ったり接吻したり抱いてあげたりし、居なくなったら悲しんだりした。婦人にも情け深く助言を行い、優しさを教諭し、「女性には善行を助言せよ」と言われた。

弱者や僕《しもべ》たちにも親切で、僕も助言を得ていた。「僕もあなたがたの兄弟で、アッラーはあなたがたの手中に置かれたのだ。そして手中にある兄弟へは、自分が食べるものから分け与えよ。また自分が着るものから分け与えよ。きつすぎる仕事をさせてはいけないし、もし言いつけたならば手助けしてあげなさい。」こうして弱者への情けは、勝利と利得の原因にも挙げられた。

動物への情けと慈悲を大いに勧められた。また過酷な作業をさせないように言われた。鉱物にも情けは及んだ。預言者（平安を）は説教台が設けられてそのほうへ移動されたところ、それまでもたれ用に使用されていた樹木の幹が悲しんだので、静まるまでそれを抱いておられた。その言葉として、「私がそれを抱かなければ、それは最後の日まで悲しんでいただろう」と言われたそうだ。（アフマドの伝承）

さらには敵対する者へも情けは及んだ。信者に挑戦し被害を与えたターイフや初期のマッカの人々には、報復されなかった。つまり山の諸王がアフシャバインという名前の山でターイフ市民を圧迫してはどうかと進言したのに、それは好まれなかった。またマッカで勝利して入城するまで一切の処罰はなかったし、それも結局お赦しになった。その際のよく知られた言葉が、「あなたがたは自由の身（アットラカーゥ）だから行きなさい」であった。

預言者ムハンマド（アッラーの祝福と平安を）の使命が慈悲であったことについてさらに続けると、彼が遣わされたのは人々全体に対してであったことは重要である。聖クルアーンに言う。「われは、全人類への吉報の伝達者また警告者として、あなたを遣わした。」（サバア章三四・二八）また「言ってやるがいい。『人々よ、わたしはアッラーの使徒として、あなたがた凡てに遣わされた者である。』」（高壁章七・一五八）

預言者伝承にもある。「赤い人や黒い人、全員にわたしは遣わされたのだ。」また「被造者全体のためにわたしは遣わされた。」さらに、「わたし以前には誰も与えられなかったほどに頂いた。一カ月ほどの間に、驚くほどになった。つまり、大地が清浄な礼拝所になり誰でも礼拝できるようになり、戦利品も誰にも許されなかったほどに許された。また私はアッラーへの仲介もしてあげられた。こうして預言者はその部族へ送られただけではなく、人々全体へ送られたのだ。」（ムスリムとアルブハーリー両正伝による）

人々全体を世話されたということは、老若男女、アラブ人、ペルシア人、ローマ人の別を問わず、また国の別は問われなかった。実際、使徒たちは全員、諸国の王に適時に遣わされたと言えよう。ローマの皇帝シーザー、ペルシアの王キスラー、エチオピアの王アルナジャーシー、エジプトの王アルムカウキス、オマーンやイエメンやバハレーンの諸王、ガッサーン王国の王などである。そして彼らに対して、主のお教しを得て暗黒から明るいところへ脱出するように説いたのであった。それはアッラーの正しい道への導きであった。

話を戻すと、預言者ムハンマド（平安あれ）の慈悲はこの世を越えて、最後の日につながるものでもあった。その日には、信者に「最大の仲介」をされるからである。恐ろしい集合の日におけるきつい状況の怖れから、人々を安心へと導いて、心を休めさせてくれるのである。まず人々は唯一の神アッラーの前で審判を待って長時間立ち尽くす。そしてその大きな苦しみから救ってほしいといろいろな預言者に人々は助けを求める。しかしどの預言者も自分のことで忙しく、「自分のこと、自分のこと……。他へ行きなさい。そして最後の預言者であるムハンマド（平安あれ）のところへ行って礼拝しなさい。」と言うのである。そこで彼、ムハンマド（平安あれ）は人々に対して、「私はその用意あり。」と言うだろう。

預言者伝承に言う。「わたしは最後の日において、アーダムの息子を預かる者だ。またその人の墓をかぎ分ける最初の者だ。そして最初の仲介者であり、最初に執り成しをすることを許された者でもある。」（ムスリム正伝）ここに言う仲介は、信者、不信者を問わず一般的なものだが、信者の人々だけに対する仲介というものもある。預言者ムハンマド（平安あれ）が慈悲の使いであることについて、最後に聖クルアーンを引用したい。

「だがかれらは、『何故主から印が、彼に下されないのか。』と言う。言ってやるがいい。『本当に凡ての印は、アッラーの御許にある。わたしは公明な警告者に過ぎないのである。』われがあなたに啓典を下し、あなたはかれらに読誦する。かれらにはそれで十分ではないか。本当にその中には、信仰する者への慈悲と訓戒がある。」（蜘蛛章二九・五〇－五一）

7 包括性と中庸

アッラーが預言者ムハンマド（平安あれ）を遣わされたのは、人の生活のすべての側面を包括するイスラームを伝えるためであった。だからこの最後の宗教は、アッラーが全人類のために降ろされたものであり、人が生活上、精神上必要とするすべてを含む完璧な姿になっている。それは人の魂の服従であり、同時に社会的組織、言動の指針、道徳上の原点なのである。言い換えればそれは、あの世とこの世の教えなのだ。個人であれ集団であれ、そのすべてに関する完璧な体系であり、すべての状況に対応するもので、人のすべての問題とニーズを解決するものである。それは物質的か精神的かは問わないし、一人であるか国や民族全体であるかも問わない。またさまざまな関係を調整し、それは親子関係、夫婦関係、友人関係、裁く人と裁かれる人の関係など、さまざまある。

またそれには根本的な原理もあれば、部分的なものもある。法律的なものもあり、預言者ムハンマド（平安あれ）は善を示し悪を禁じられた。そして人を明瞭でまっすぐな道に置かれて、夜でも昼のように道標で行くべき方向を示された。それを外れる者は破滅し、それをよく守る者はイスラームの諸規定とその詳細を知ることになる。それは素直な天啓の教えであり、人に関する事柄ではあるが人の特性を超えた内容である。またそれは人が自らの努力と活動により、私的所有を望み自分を確立する願望を広めると同時に、そうすることが他の人の利益にもなるようにさせる。そこでは永劫の模範が示され、敬虔さと篤信をもって協力し、霊的鍛錬と礼拝、断食、喜捨、巡礼などの勤行でもって応える。さらには根本的な宗教的願望や主を必要とする感覚などをもって応える。それは創造主アッラーへの信奉であり、信心であり、帰依である。こうして人の生活は、大きなものも小さなものもすべてがアッラーへの帰順となるのである。寝ていても、飲み食いしていても、家にいても仕事をしていても、工場にいても学校にいても、旅行をしていても座していても、いつも帰依するのである。

クルアーンに言う。「言ってやるがいい。『わたしの礼拝と奉仕、わたしの生と死は、万有の主、アッラーのためである。』」（家畜章六・一六二）

預言者ムハンマド（アッラーの祝福と平安を）の生涯は、人の生活のすべての側面を含むイスラームの教えを、実地で行くものであった。教えとその原則を忠実に適用していった。それはすべての状況、条件、あるいは機会を通じてそうであった。つまりそれは次のような場合を含んでいた。信心への呼びかけ、友人関係、近親者や縁者の関係、隣人の関係、優しい扶養者であり信頼される誠実な父親であり主人である者と家族との関係、社会や国家の指導、政治、戦争、裁判、礼拝と帰順、敬虔さと畏怖において、単純さと謙遜なこと、人間性において、などなど。また飲み食い、結婚、贈答を受けること、着こなし、清潔さ、趣味の良さ、高邁な精神、協力性など、いくらも挙げられる。

ムスタファー・アッスィバーイーはその預言者伝の中で言っている。「要するに預言者（平安を）の生涯は、あらゆるケースを含んでいて包括的であった。社会における人のすべての側面をもっていた。伝導に従事する人にとり正しい模範となった。また指導者全員、すべての父親、そして夫であれ友人であれ、養育者、指導者、大統領など全員の模範であった。……先達の人の中に、これほどまでに包括的な例は、似たものさえないのである。それは歴史を通じて、宗教を創始した人たち、哲学者たちも含めてである。」（ムスタファー・アッスィバーイー『預言者伝』ベイルート、イスラム書店、一九八一年、「緒言」参照。）

以上のようにイスラームとしての使命は、宗教とこの世を含む包括的なものであった。政治、社会、経済、軍事などなどである。しかし大切なことは、それらは中庸であったということだ。ものごとの中庸には、最良なものがある。なぜならばそれは、穏当でありすべてにおいてバランスが取れているからだ。そこには過剰もなければ過激もない。この原因は、中庸は人を見るのに、それが体と心からなる存在として見るからだ。心を殺してまで、物質に溺れたり埋没したりはしない。心の要求を殺してまで、身体的な物的要求に走ることもない。そうではなく、それらの中庸を行くのである。アッラーが創造された人間の本性に従って、そうするのである。人としての感性や完全性を達成するような定めが、心にも体にも備えられているのである。それは天賦の公正さと中庸に帰着する。

クルアーンに言う。「それであなたはあなたの顔を純正な教えに、確《しっか》り向けなさい。アッラーが人間に定められた天性に基いて。」（ビザンチン章三〇・三〇）また、さらに言う。「このようにわれは、あなたがたを中正の共同体（ウンマ）とする。それであなたがたは、人々に対し証人であり、また使徒は、あなたがたに対し証人である。」（雌牛章二・一四三）

8　理性的論理的使命

アッラーは人を理性的なものとして創造され、物事の真実を覚知し想像し判断することができるようにされた。それで直面する諸問題や、さまざまな思想的な課題にも対応できるようにされたのだ。

この理性でもって、人はこの地上で他とは異なった存在となった。文明や文化を築き、その基礎が知識や情報なのである。人は考え知るからこそ学習する意味があり、その情報を再生産し継続もできるからこそ、それから豊かに裨益することになる。またその人の生活も正しいものになり、自分にとって有益なものを取り出すこともできる。このために預言者（アッラーの祝福と平安あれ）は使命を持って遣わされ、その方途、様式、手法、組織において人の理性と合致し、その論理的な考えとも一致するのである。

ここから預言者（祝福あれ）の本質的な奇跡が導かれ、それは理性的な驚きであり、それが聖クルアーンそのものなのである。彼はアッラーによって全人類のために遣わされ、それは理性的な奇跡であった。聖クルアーンがそれであり、それは言語的な説明をすることを旨とした。そこには理性的な証拠に満ちており、知的な証左が溢れている。論理性もある。こうして人は、預言者（祝福あれ）はアッラーの下から遣わされたと信じ、また聖クルアーンも恵み多く、崇高なアッラーにより降ろされたと信じることとなる。

それまでの預言者たち（平安を）も、感覚的あるいは物的な印と奇跡で、預言者であることを信じるに十分な証を持っていた。それは尋常ではない事柄で、ムーサーの杖、イーサーの治癒など、普通の常識を超えるものであった。そしてそれでもって、人は彼らが預言者であることを信じたのであった。預言者ムハンマド（祝福あれ）が行った数々の奇跡の例として次のようなものがある。木の下で人に説教をしていたら、その木がもったいなくて泣き出したことや、その指の間から水が湧いて出てきたこともあった。また全部族が反旗を翻したアハザーブの戦いに際して、ムスリムの兵士が塹壕を掘っていたが、少量の食料から部隊をたらふくに食事させたという、兵糧の恵み、といわれる事例もあった。かくして聖クルアーンの素晴らしい印は、最大の論拠であり証拠であった。それがアラブ他人々全体を最後の日に導き、預言者の真実なることの確実な証拠であり、ムハンマドの使命の正しさを証明するものであった。

聖クルアーンはそれ自身が理性的な奇跡であり、その手法と証明において論理的な印である。それだけで明らかに、ムハンマド（祝福あれ）はアッラーから遣わされた預言者であることを人々に説得するのに十分であった。それは何か看取できる印を求めた人々に対して、信じるに足りるだけの証拠を提供したのであった。その事情を聖クルアーンの言葉に見てみよう。「だがかれらは、「何故主から印が、かれに下されないのか。」と言う。言ってやるがいい。『本当に凡ての印は、アッラーの御許にある。わたしは公明な警告者に過ぎないのである。』われがあなたに啓典を下し、あなたはかれらに読誦する。かれらにはそれで十分ではないか。本当にその中には、信仰する者への慈悲と訓戒がある。」（蜘蛛章二九・五〇－五一）

また信用するために、尋常でない奇跡を求める不信者たちにアッラーは言われた。「かれらは言う。『わたしたちのために、あなたが地から泉を涌き出させるまでは、あなたを信じないであろう。またあなたがナツメヤシやブドウの園を所有し、その間を通って豊かに川を流れさすまでは。またはあなたが（あり得ると）言明したように、大空を粉々にしてわたしたちに落すまで。またアッラーそして天使たちを、（わたしたちの）面前に連れて来るまで。またはあなたが、黄金（の装飾）の家を持ち、（梯子を踏んで）天に登るまでは。いや、わたしたちに読める啓典をもって下るまで、あなたの昇天をも信じないであろう。』言ってやるがいい。『主に讃えあれ、わたしは使徒として（遣わされた）一人の人間に過ぎないではないか。』」（夜の旅章一七・九〇－九三）

教えの理性的な面や聖クルアーンの論理的な証明を思い、さらに天地、人間、樹木、動物、あるいは太陽、月、諸星などの創造について思いを馳せ、そしてそれらすべてが秩序立って粛々として運行されていることも、想起せざるをえない。これらの側面は人間の意識に関する信仰の論理と補完関係にある。つまりこの世には、理性だけでは十分意味を解しえず、その本質や実態を捉えられない物事や課題があるのである。たとえばこの世とあの世に関する不可視世界の事柄、そしてその事情や霊界の秘め事などである。それらは正しく荘厳なアッラーのみが扱われることなのだ。

9　中傷と嘘呼ばわり

預言者ムハンマド（アッラーの祝福と平安あれ）が唯一の神であり万物の創造主であるアッラーを信仰し、何ものも同列に並べることなくアッラーにだけ帰依するよう人々に告げて以来、それを拒否し多神教に従う人々の虚言、中傷、敵対行為に直面せざるをえなかった。それはアッラーが使徒を試されていたのであり、またそれは信者に与えられた試練であった。

そのような中傷の一つは、ムハンマドが聖クルアーンを口にするのは、彼自身の戯言に過ぎないというものであった。またその教えは彼自身の言葉であり、決して啓示されたものではないとした。「またかれらは言う。『昔の物語で、それをかれが書き下したのである。それを朝夕、口で言って書き取らせたのである。』」(識別章二五・五)

それに対してアッラーは次のように言われた。「沈み行く星にかけて(誓う)。あなたがたの同僚は、迷っているのではなく、また間違っているのでもない。また(自分の)望むことを言っているのでもない。それはかれに啓示された、御告げに外ならない。並びない偉力の持ち主がかれに教えたのは、優れた知力の持ち主である。真っ直ぐに立って、……」(星章五三・一―六)

このような真実と誤謬、そして使徒と敵対者たちとの対決は続けられ、中傷や疑惑の言葉が浴びせられた。それは疑念を起こさせ、誤った道へ誘い、真っ直ぐなアッラーの道からそらさせようとするものであった。しかし間違いはすぐに調べれば客観的にわかるし、気まぐれや嫌悪感や嫉妬心抜きにして研ぎ澄まされた検討をすれば直ちに暴かれる。以上のような中傷や嘘は多数見られてきたが、ここではそのサンプルを例示するに止める。一つには預言者ムハンマド(祝福あれ)の行った不信者に対する戦いに関してや、一般的にはイスラームにおける戦闘行為や暴力行為に関する事柄である。あるいは、イスラームの女性とその諸権利に関する立場やイスラームは人間の自由に異を唱えているといった主張である。

こういった中傷が当たっていないことを、これから早速見てみたい。

預言者(祝福を)は人々に慈悲と寛容、そして人間性を説いたが、不信者の敵対や攻撃に対して寛容さと許容心をもって臨まれた。マッカの人たちに対しても、「行きなさい、あなたがたは自由である」と言われた。また（ターイフで唱導した際に）人々が攻撃し負傷させ踝《くるぶし》まで出血させたが、（問われたのに対し）彼らを二つの山で締めつけることは天使らに要請しなかった。

イスラームにおける戦闘や戦争の原則は次のとおりである。それは必要に迫られること、そしてアッラーのためであり、拡張、野望、攻撃、不正、諸権利の剝奪などのためではないという諸条件を満たすことが求められる。またムスリムは攻撃を開始することはできず、ムスリムに対して攻撃を始めた者にだけ許される。「あなたがたに戦いを挑む者があれば、アッラーの道のために戦え。だが侵略的であってはならない。本当にアッラーは、侵略者を愛さない。」（雌牛章二・一九〇）

ムスリムはその教え、信条、財産や領土を守るため以外には、戦わないのである。またイスラームの戦争遂行中は、規範と教説に従わなければならず、その中に預言者（祝福を）のムスリムに対する指導内容も含まれる。戦争の条件には上のものに加えて、非ムスリムでも非戦闘員は殺してならないし、婦女子や老人の殺害も認められない。ナツメヤシを燃やしたり、樹木を切ったりすること、あるいは修道院の中の僧侶たちに害を加えることも禁じられる。

さらには非ムスリムといえども、彼らとの約束違反、契約違反などの裏切りは認められない。あらゆる彫像も認められない。また殺人は厳禁されており、殺人は全人類を殺したと同じだとされる。クルアーンを見よう。「人を殺した者、地上で悪を働いたという理由もなく人を殺す者は、全人類を殺したのと同じである。人の生命を救う者は、全人類の生命を救ったのと同じである（と定めた）。」（食卓章五・三二）

戦闘を離れて、ムスリムの近くにいて保護を求めることがあれば、その人をムスリムは保護しなければならないのである。「もし多神教徒の中に、あなたに保護を求める者があれば保護し、アッラーの御言葉を聞かせ、その後かれを安全な所に送れ。これはかれらが、知識のない民のためである。」（悔悟章九・六）

実際、預言者（祝福を）の伝記を読めば、すべての戦争、攻撃や戦闘は防衛のためであったことがはっきりする。あるいはそれらは、ムスリムに対する攻撃、不正などを撃退し、ムスリムの敵が開始した裏切り、加害行為、策略に対決するためであった。

他方平和の時代には、非ムスリムも安全、厚遇、篤信、公正さを享受するのである。「アッラーは、宗教上のことであなたがたに戦いを仕掛けたり、またあなたがたを家から追放しなかった者たちに親切を尽し、公正に待遇することを禁じられない。本当にアッラーは公正な者をお好みになられる。」（試問される女章六〇・八）

真に公平な判断をするならば、イスラームは剣で広められたとかイスラームあるいはムスリムは戦闘、不正、暴力、テロなどを旨としているなどとは言えないはずだ。そして客観的に見る研究者ならば、イスラームの諸原則、諸事実、そしてイスラームに従う人たちや、あるいは従おうとする人たちの諸行為に、安堵感を持つはずである。今ひとつイスラームに対する中傷と不正の例として、イスラームにおける女性の状況とその諸権利の話をしておきたい。預言者（祝福を）の伝記を知る人ならば、彼は女性を公正に処し、彼女らへの男性側からの強制を除去されたのである。また諸権利と諸義務において、男女平等を達成された。収入と支出面での権利および独立した財政を確保し擁護して、非常に高い位置に引き上げられ、女性の面倒見と尊敬を呼びかけられた。またその権利剝奪や妨げを禁じ、その情況の悪化が生じないように諭された。そして正しい行いにおいては男女平等で、それに対する報奨も同様だとされた。クルアーンに言う。「誰でも善い行いをし（真の）信者ならば、男でも女でも、われわれは必ず幸せな生活を送らせるであろう。なおわれはかれらが行った最も優れたものによって報奨を与えるのである。」（蜜蜂章一六・九七）

宗教上の自由についてのイスラームの立場は次のとおりである。イスラームは極めて寛大で、アッラーが認められた権利に従い、人間の宗教選択の自由を尊重している。この選択の自由は、アッラーの選択についての決定の解釈から出てくるものである。クルアーンを引用する。「宗教には強制があってはならない。まさに正しい道は迷誤から明らかに（分別）されている。それで邪神を退けてアッラーを信仰する者は、決して壊れることのない、堅固な取っ手を握った者である。アッラーは全聴にして全知であられる。」（雌牛章二・二五六）

預言者（祝福を）の呼びかけは、英知と良好な警告に満ちた方法によって行われ、また最良の議論も展開された。それは理性を尊び、知恵と見識に従って論議された。それには強制、過剰、あるいは過激さは見られなかった。（さらには、婦人章四・一二四を参照）

10　悪意の漫画

正義と不正の対峙する話の中に入るが、デンマークの新聞「ユランズ・ポステン」紙は、人とジンの双方のためにアッラーが遣わされた預言者ムハンマド・ブン・アブドゥッラーの全世界に対するその慈悲や指導性に関して、できることではないのに、彼からそれらを剝奪しようとして悪意に満ちた漫画を掲載した。そしてそれにヨーロッパやアメリカなど西洋の新聞も倣った。この非文明的で非人間的な攻撃に対しては、全世界のムスリム団体や個人から強い抗議の声が上げられた。新聞のこの醜い行いに対しては、公平で客観的な目を持つ人であれば、誰でも感情を害するものであった。ましてや預言者ムハンマド（祝福あれ）に従うムスリムたちにとっては、なおさらのことであった。彼らは預言者のメッセージ、人々の導きとしてアッラーが降ろされた啓示、そして飛ぶ鳥たちの道しるべであり、正しい道を求める人たちに暗闇の明かしともなる光を信じているのである。

ムスリムたちはこの醜い罪のため、その怒りと強く傷つけられた感情を表明し、その罪はあまりに常軌を逸脱していると抗議した。預言者（祝福あれ）はアッラーの最善の被造物であり、最良の人生を過ごされ、人間的に最も完全な方で、道徳的にも模範とすべき方である。こうしてこの破廉恥で無責任な行為は、ムスリムの感情を逆なでし、彼らとしては抗議し、このひどい攻撃を拒否するしかなかった。その攻撃は、イスラーム信仰の中心的な象徴に対するものであり、宗教信仰の根本に関わるものであったのだ。

預言者（祝福あれ）がいかなるものであれ、あらゆる加害や悪意の責めにあわさせられることは、あるまじきことなのである。そこで何回も彼らはその怒りやまたいかにひどく傷つけられたかについて、表明することとなった。加害や攻撃に対しては、彼らは神経を尖らせている。怒りだけではなく、静かな抗議や、経済的なボイコットなどもあり、あるいは知的なセミナーを開いたり、会議や会見で加害の要素を整理検討したり、また文化的文明的な対話により預言者の人柄、素晴らしい人生、人間性と慈悲心と指導性と犠牲心に満ちた啓蒙的な生き方について評価した。本件の持つ大きな影響や深刻さについても紹介された。

こうして人間性が復活し、アッラーのお導きの下で幸せに暮らし、より正しい人を導く主の示された道のりを歩むために、まずアッラーの言葉を聞いてみよう。「人々よ、われは一人の男と一人の女からあなたがたを創り、種族と部族に分けた。これはあなたがたを、互いに知り合うようにさせるためである。アッラーの御許で最も貴い者は、あなたがたのうち最も主を畏れる者である。」（部屋章四九・一三）

新聞は重い責任も担うものであり、それは説教台のようなものであることを想起すると、このたびの行為は真に破廉恥、恥知らずなものであった。本来、新聞は人間文明の諸価値を表現し、その道徳的真髄を示し、責任あるその精神を表明するものである。それが挑発的な表現の舞台となり、敵対心と人種主義に満ちたものとなった。最悪なのは次のことだ。それは真実を曲げ、読者の権利を尊重せず侵し、それでいてこのあくどい罪を犯した連中は、表現の自由を実践しているだけだと主張している点である。彼らは誤った幻想を懐いているのだ。何の権利なのか？　何の自由なのか？　宗教的信条を傷つけることが、権利で自由なのか。それは世界中の一五億人以上の信徒にとって、神聖なものなのである。それは破廉恥を隠蔽する論理だ。それは過ちのための作為的な論理だ。筋の通らない自由の論理だ。他人の自由には何の重要性も見出さない自由だ。また他人の信条には何も考慮を払わない。それは飛躍の論理で、それはムスリムより前に非ムスリムが忌み嫌うものだ。それは脆弱な論理であり、口ごもるような主張として、その誤謬を指摘されている。フランスのシラク元大統領の言葉として、次のようなものがある。「他人の信条、とくに宗教上の信条を傷つける恐れがあるものは、避けなければならない。そして表現の自由は責任感をもって駆使すべきだ。」「深刻な感情煽動に至るような明らかな挑発を、私は排斥する。」[1]

ロシアのプーチン前大統領はムスリムの感情を傷つける漫画について次のように非難した。それは諸宗教間の亀裂を増すもので、信者を傷つけ、かれらの感情を挑発している、と。[2] 中国については、この漫画は相互の尊敬という原則に抵触するもので、異なる宗教や文明間の共存にも反していると、同国外務省報道官談話が出された。[3] 日本はこの漫画掲載に憂慮を示した国の一つであった。外務省の発言で、「この漫画掲載のために傷つけられたムスリムの感情を完全に理解する」と発表した。[4] フランスの高名な思想家であるレジス・ドブリューは、この漫画はムスリムの感情を害して、彼らの信条に触れた、そして報道の自由は絶対的ではない、それは自由と責任のバランスを保たねばならず、問題の漫画はイスラームに関する西洋の無知を示していると述べた。[5]

たしかに無知、あるいは知識不足で預言者ムハンマド（祝福を）に悪口を吐く人たちは、彼がどんな人物かを少しずつでも学ぶべきである。彼は慈悲の子で、被造物の頭、そして最後の日の人々への執り成し人なのである。彼は全人類への導きを頂き、優しく慈悲深く、偉大な人格の持ち主である。それはクルアーンも創造された偉大で強力なアッラーが、説明しておられるとおりである。

注（1）　リヤード新聞一三七四四号、二〇〇六年二月九日（ヒジュラ暦一四二七年一月十日）。
（2）　同上。

（3）同上。
（4）同上。
（5）http://www.nosra.islammemo.cc/onenew.aspx?newid=1306

11　預言者をめぐる発言

預言者（祝福あれ）を非難して傷つけようとした人たちは、昔も今もいる。しかし彼らはこの預言者が誠実で信頼でき、世界への慈悲としてアッラーが遣わされたことや、人として完璧な生涯を過ごされたことを実は認識していたのだ。そして、「ムハンマドはあなたがた男性の一人ではない。彼はアッラーの使徒であり、最後の預言者なのだ。」と言われ、それからアッラーは彼の名を高めて、「またわれは、あなたの名声を高めたではないか。」（胸を広げる章九四・四）と言われた、そのアッラーの言葉を無視していたのだ。

公正な人ならば誰でも、ムハンマド（祝福を）の理想的な生涯、誇りうる諸特徴を知り、彼の有難みを認知することになるのである。彼の偉大な功徳や影響、その気質、アッラーからの光と導きを齎したということなどを認める非ムスリムたちの多くの言葉も残されている。そこでムハンマドはどういう人かを知った公正な人たちの多数ある発言の中から、わずかながらここに紹介することにしたい。

彼らは人間の生活に重大な影響を齎した偉大な人格だということを認識している。またその伝記には深い意味合いと永劫の諸価値を放つ言葉が残されていることも知っている。

バラモン教の書物には次の言葉がある。「最も恵み多き者は主から法を授けられて、その法には英知が溢れている。彼からは光が発せられ、それは太陽から出ているようだ。」(1)

またゾロアスター教の経典「ゼンド・アヴェスタ」には、預言者は全世界への慈悲であり、彼にはアブー・ラハブ（業火の父）と古代ペルシア語で呼ばれた敵が対抗することが述べられている。預言者は比べられるものなき唯一のアッラー信仰を呼びかけているのである。(2)また同書には次の言葉もある。「ゾロアスターの共同体の人たちがその宗教を捨てて弱体化したとき、一人の男がアラブの土地から興隆し、ペルシア人を従えその傲慢な連中を征服した。それから既に偶像を処理して清浄になったイブラーヒームのカアバ聖殿の方向へ向かわせ、全世界への慈悲でありペルシアの主人である預言者に従うこととなった。彼らの預言者は正しいアラビア語で多くの奇跡を物語っていた。」(3)

（ジャーヒリヤ時代の）サービア教の聖典「主の宝」第一八書には、サブフーラダーイユーと呼ばれるアラブの王が出現したとあるが、それは預言者の一人でその最後の者、という意味であり、ペルシアにはアルザジャルという王がいた時代であった、と出ている。(4)

現代の作家、思想家、学者たちの多大な尊敬を預言者（祝福を）は集めてきた。そして彼らの宗教や所属は別として、ムハンマドの有難み、人類に与えた影響、そしてその偉大な人徳と特徴について述べることに躊躇はなかった。「ムハンマド」という題名の本をものした、英国のバーナード・ショーを見てみよう。彼はその中で言っている。

「世界は永遠の宗教を定めたこのムハンマドという男を思い、彼が常に尊敬され偉大だとされてきたことを想起する必要がある。それはあらゆる宗教の中でも最も強力で、永劫である。私は同胞の多数がアッラーの印によってその宗教に入ったことを知っている。それはこの大陸、つまりヨーロッパで大いに広まるであろう。」

「中世においては無知と宗派心によって、ムハンマドの教えを固定的に捉えていた。つまりキリスト教の敵として捉えていた。しかしこの男を知るにつけ、彼は実に驚くべき人物だということがわかった。彼はキリスト教の敵ではない。逆に人類の救済者というべきだ。もし今日の世界の指導にあたるならば、彼は人類の希求する平和と幸福を齎し、諸問題を解決するであろう。」(5)

米国の歴史学者、また天文学者であり物理学者のマイケル・ハートは、近著『世界の百の偉業』において次のように言う。「読者に証拠立てられたように、歴史で一番重要かつ偉大な人物は、ムハンマドであると考える。彼は実に、あの世とこの世の二側面で成功を収めた唯一の人物である。」(6)また同著の中で、サンクス氏は言っている。「ムハンマドはキリストの後、五七〇年して生まれた。彼の責務は、善良な道徳の根本を示し、唯一神信仰に戻り、この世の後のあの世の生活でもって、人の理性を格上げすることであった。イスラーム教の考え方は世界の大きな進展を齎し、僧侶の両手の中にある寺院の周りに人の理性を結びつけていた重い桎梏から解き放った。ムハンマドはそのようなイメージを礼拝所からすべて消去した。そして絶対的な創造主の偶像を破棄した。また生硬な物体化の考えに終止符を打った。」

さらにオーストリアのシラック氏は言う。「ムハンマドのような人物と同じ類だということを人は誇りに思える。文盲にかかわらず、十数世紀以前に法令を齎した。もしヨーロッパにおいても彼のレベルに達していたならば、どんなにわれわれは幸せであったろうか。」(7)

このような発言を並べればそのリストは実に長い。洋の東西を問わず、多数の人たちがアッラーの遣わしたムハンマドに驚きの声を上げ、その様を人に広く喧伝している。

注(1) バラモン教の Sāmaveda、第2部第6～8。ダジー・アルフサイニー・アブー・クルハ著『バラモン教、ゾロアスター教、サービア教の経典におけるイスラームの預言者』ミラーアト・アルジャーミア誌、第二四巻三九五号、二〇〇六年二月二十五日(ヒジュラ暦一四二七年一月二十六日)、八ページ。
(2) 同上。
(3) 同上。
(4) 同上。
(5) http://www.nosra.islammemo.cdonenew.aspx?hewid=166
(6) 『世界の百の偉業』ニューヨーク、ハート社、一九七八年、三三ページ。
(7) http://www.nosra.islammemo.cc/

12　ムハンマドを愛する理由

ムハンマド・ブン・アブドゥッラーは主アッラーが被造物すべての中から選ばれた使徒(祝福を)であり、そのメッセージを伝えるのに完璧な資格をアッラーが認められていたことは、「アッラーはどこで（またいかに）かれの使命を果たすべきかを、最もよく知っておられる。」（家畜章六・一二四）との言葉にあるとおりだ。アッラーは彼を準備させ、彼は最も上手に遂行し、また素晴らしくうまく伝教した。彼は全努力とすべての時間を傾注して、攻撃と困苦や災難を忍び、そしてアッラーの教えと導きは、彼の生き方や全生涯を通じて示されている。

だからムスリムはムハンマド（祝福あれ）を愛するのである。

ムスリムは預言者ムハンマド（祝福を）を信じ彼がアッラーの使徒であると証言しないかぎり、その信仰は全うされないのである。ムスリムにとっては、この点はイスラームの重要な柱である。

だからムスリムはムハンマド（祝福を）を愛するのである。

次のような意味の預言者伝承がある。つまり、自分自身よりも、そして自分の財産や子供よりも私（預言者）を愛するようにならなければ、信者とはいえない、と言うのである。

だからムスリムはムハンマド（祝福を）を愛するのである。

ムハンマド（祝福を）は明証の導きと指導をムスリムに齎し、アッラーは彼にムスリムたちを導かせ、不正から救い出し、明るい光の下に置かれ、洞察の理性を解き放たれ、確信と熟慮の慧眼を照らし出させられたのである。

だからムスリムはムハンマド（祝福を）を愛するのである。

ムスリムは預言者（祝福を）を通してアッラーのメッセージとその言葉に接した。またそれは全人類に向けられた。

だからムスリムはムハンマド（祝福を）を愛するのである。

ムスリムがムハンマド（祝福を）を愛するのは、アッラーは預言者ムハンマド（祝福を）を、証人立会し、よい知らせを齎し、警告を発するために遣わされたためである。そのことは、クルアーンにあるとおりだ。「預言者よ、本当にわれはあなたを証人とし、吉報の伝達者そして警告者として遣わし、」（部族連合章三三・四五）

ムスリムがムハンマド（祝福を）を愛するのは、預言者ムハンマド（祝福を）は偉大な特性を持っているからだ。クルアーンに言う。「本当にあなたは、崇高な特性を備えている。」（筆章六八・四）

妻のアーイシャ（アッラーの嘉しを）は、「彼の特性はクルアーンだ」と言ったともされている。

預言者ムハンマド（祝福を）はアッラーが全世界への慈悲として遣わされたので、彼自身も広く人々への善と指導を好んでいた。とくにムスリムへのものを好んでいた。彼は優しく慈愛深く、クルアーンに言う。「信者に対して優しく、また情深い。」（悔悟章九・一二八）

だからムスリムはムハンマド（祝福を）を大変愛するのである。

預言者（祝福を）は全員に慈愛があるのだ。婦人、子供、弱者、人間、動物、生物、環境、鉱物、そして平和か戦時かにかかわらず敵にも慈愛を示すのだ。アッラーは彼を全世界への慈愛として遣わされた。

だからムスリムはムハンマド（祝福を）を愛するのである。

ムスリム全体への模範でありモデルであり、またかれらの真っ直ぐな道を歩む人生の礼拝指導者となるのが、預言者（祝福を）である。それはアッラーへの道であり、その慈悲と天国到着への道のりである。クルアーンを見る。「本当にアッラーの使徒は、アッラーと終末の日を熱望する者、アッラ

ーを多く唱念する者にとって、立派な模範であった。」（部族連合章三三・二一）

預言者（祝福を）はアッラーにより人々のこの世の生活に導きと光を齎し、全員最後の日にアッラーに向かい合い清算を待つ間立礼を長時間行い、厳しさと情況の恐ろしさに苦しみ、預言者全員に早くそれから解放されるべくアッラーの下での執り成しを要請しても、ムハンマドだけはそれを受け止めて執り成してくれるが、他の預言者たちは全員、自分でするようにと言うだけである。ムハンマドは、「私がする、私がする」と言うのである。まさしくこの執り成しは、アッラーがムハンマド（祝福を）の役割とされたのである。

だからムスリムはムハンマド（祝福を）を愛するのである。

預言者（祝福を）はいろいろな種類の執り成しをする。たとえば、清算なしで一団の人たちが天国に入れるようにする。あるいは程度の段階を引き上げる執り成しをする。業火からグループを引き出すこともある。

だからムスリムはムハンマド（祝福を）を愛するのである。

13　伝記の基礎史料

アッラーは人類に対する功徳であり光栄として、預言者たちや使徒たちを送られた。その最後がムハンマド（祝福を）であった。アッラーが大地とその上のものを（代理であるムハンマドから）引き継ぐまでの間、彼は信者の良き模範とされた。

そこでこの伝記の影響が継続し引き継がれるように、多数の史料に残されたのである。われわれはそれらを振り返りさまざまな事実や情報を得ることができる。また明確な説明や、その誇らしい生涯から、種々の方法、行動、性向、道徳律などが見て取れる。

彼の生涯をめぐる基礎史料には、いくつかの種類がある。

1　基本的史料文献[1]

2　二次資料

1　基本的史料文献

最初のカテゴリーの史料として以下の五つがある。

（1）聖クルアーン、（2）正しい預言者伝承、（3）当時の詩、（4）預言者の伝記、（5）正しい啓典。

以下にその概略を説明する。

（1）聖クルアーン

これが預言者（祝福を）とその使命について絶対に最も正しい文献である。それはアッラーが保存を保障されたものである。クルアーンに言う。「本当にわれこそは、その訓戒を下し、必ずそれを守護するのである。」（アル・ヒジュル章一五・九）

その中には、預言者（祝福を）の栄光ある生涯の道標について、一般的で詳細ではないが多くの言説がある。われわれはその中でも、教訓や訓示の与えられる個所で十分だ。たとえば、幼年期についてクルアーンに次の句がある。「やがて主はあなたの満足するものを御授けになる。かれは孤児のあ

なたを見つけられ、庇護なされたではないか。」（朝章九三・五－六）

また彼が被った損傷、不信者たちからの非難、あるいは彼が魔術師だとか気違いだとかいった悪口のほか、預言者（祝福を）の聖遷、重要な戦闘、夜の旅の話などがある。(2)

(2) 正しい預言者伝承

ブハーリー、ムスリム、アブー・ダーウード、アンナサーイー、アッティルミズィー、イブン・マージャといった一連の伝承者たちの編集した書物や、アルムワッタゥやアルマスナドの二書もある。預言者（祝福を）の生活や人生やジハードについて多数の伝承があり、多くの学者が伝承者たちの繋がり方やその信頼度について確認して保存してきている。(3)

(3) 当時の詩

預言者（祝福を）当時の詩が多数残されている。ムスリムと多神教徒の間の戦闘や種々の事件が記録され、とくに伝教を妨げ預言者を攻撃した多くの不信者の詩人にムスリムは対決を迫られた。そこでかれらに対応し、また反論せねばならなかった。たとえばイスラーム側の筆頭には、ハッサーン・ブン・サービット、アブドゥッラー・ブン・ラウワーフ、サイード・ブン・マーリックなどがいた。彼らの詩は、詩集やアラブ文学全集などに入っている。

(4) 預言者の伝記

イスラームの学者や歴史家たちが預言者の伝記を記してくれた。預言者（祝福を）の生涯を著述し、その誇りうる人生を詳細に述べ編纂した。それからそれをこんどは、さまざまな人たちが各地へ運んだ。その人たちとは、オスマーン・ブン・アッファーン、ウルワ・ブン・アッズバイル・ブン・アルアワーム、イブン・シハーブ・アッザハリー、アースィム・ブン・ウマル・ブン・カターダ・アルアンサーリーなどがいた。その後からきた歴史家たちも、伝記を編纂した。その例として、ムハンマド・ブン・イスハーク、イブン・ヒシャーム、イブン・サアド、アッタバリー、アルイスファハーニー、アッティルミズィー、イブン・アルカイイム、アルカーディー・イヤード、アルカステラーニーなどである。(4)

（5）正しい啓典

律法と福音の二書にも預言者（祝福を）への言及がある。これらの啓典を通じて、預言者（祝福を）やその子孫のことを人々は知っていた。しかしそれらの情報を得て後に、これら正しかった啓典の改竄や入れ替えをした人たちが出たのである。ユダヤ人については、クルアーンに次のようにある。

「アッラーの御許から啓典（クルアーン）が下されて、かれらが所持していたものを更に確認できるようになったが、……心に思っていたものが実際に下ると、かれらはその信仰を拒否する。」（雌牛章二・八九）

「マルヤムの子イーサーが、こう言った時を思い起せ。『イスラエルの子孫たちよ。本当にわたしは、あなたがたに（遣わされた）アッラーの使徒で、わたしより以前に、（下されている）律法を確証し、またわたしの後に来る使徒の吉報を与える。その名前はアハマドである。』だがかれが明証をもって現れた時、かれらは、『これは明らかに魔術である。』と言った。」（戦列章六一・六）

2　二次資料

昔から各地の図書館には膨大な史料の蓄積がある。また預言者伝に関する研究も汗牛充棟である。アラブ人やそれ以外の人のものもある。ムスリム以外の東洋学者のものもある。しかしそのいずれもが、イスラームの預言者の生涯について驚きを隠せない。その偉大な諸特性と崇高な特徴に高い評価と称賛を惜しまない。その生涯は真に称えられるべきものである。

日本でもいろいろ書かれてきている。書物、論文、あるいはインターネット情報もある。真に預言者ムハンマドに、アッラーの祝福と平安あれ、である。

注
（1）ムスタファー・アッスィバーイー、前掲書、二五－三二ページ。
（2）同掲書、二五ページ。
（3）同掲書、二六－二七ページ。
（4）同掲書、二八－三一ページ。

第2部　預言者の語る物語

預言者伝承の中には、預言者ムハンマド（アッラーの祝福と平安を）自身が語ったさまざまな物語が含まれている。それは文学としても注目されるものである。そのカテゴリーに注目して選択したのが、ここの第2部の内容である。二〇〇四年から二〇一〇年の間、在東京アラブ イスラーム学院に在任したムハンマド・ブン・ハサン・アルジール学院長の著書である『預言者の語る物語選集』（リヤード、一九九三年）を基礎にして翻訳された。

右翻訳にあたっては、おのおのの伝承の冒頭に来る伝承者経路は省略した。また原著にはそれぞれの伝承に典拠などの注釈がついているが、それも省略した。また預言者ムハンマドの後に来る、「アッラーの祝福と平安を」という祈願の言葉は最初の一回目だけ正式に言及し、後は割愛してある。日本語として通読しやすくするためである。

なお伝承出典は、最後の一覧表にまとめてある。またいくつかの物語は、同じもので異なった章に出てくる場合もある。あるいは極めて似ている物語が異なる経路で伝えられ、したがって幾度も出てくる印象のものもある。くり返し読んでも、いずれも有名なものばかりなので、よく味わうにはむしろ好都合だと考えたいところである。

全体の章構成は次のとおりである。

Ⅰ 序、Ⅱ 体験談、Ⅲ 夢、Ⅳ 譬え話、Ⅴ 諸預言者、Ⅵ 預言者以外、Ⅶ 未来、Ⅷ 来世、Ⅸ 幽玄界。

Ⅰ　序

ヒジュラ暦一三九七年（西暦一九七七年）、私は修士号取得のため、「ハディースの中の物語─その文学および主題研究」というテーマで、カイロ大学文学部のアラビア語・アラビア文学専攻科に進みました。

この研究は、各ハディース・テキストが表す主題面に加えて、文学としての物語面を見出すべく考察、分析するものでした。そのため、題材として数多くのハディース・テキストが用いられたのですが、その性質上、研究で扱うハディース・テキストの多くは各考察項目に合わせて分断されたものであり、参考文献として抜粋されたものにすぎませんでした。そのため、読み手は多くの場合、完全な形での物語のテキストを見出せないのが実状でした。

それ以来、私は、専門家にもそうでない人にも益するよう、いつかもう一度それらのハディース・テキストに立ち返り、一定の構成にもとづいてそれらのテキストを集結し、出版する必要がある、と感じてきました。

また、その種のハディース・テキスト集の出版は学習者だけでなく、とくに二種類の人々に役立つだろうとも考えてきました。その最初の人々はアラブの物語作家です。これらのハディース・テキストは物語における多彩な試みを彼らに提供する豊かな泉であり、その試みはおそらく彼らに新たな著作や文学活動をもたらすはずです。

そしてもう一方の人々は一般の読者、とりわけ若い世代の読者です。この種の文学は彼らを惹きつけ、その関心を呼ぶことでしょう。彼らは、豊かな文学性や面白みに加えて、良い方向性や健全な目的、正しい考えを併せ持つこのような物語を必要としています。これらのハディース・テキストは選ばれし預言者（彼にアッラーの平安と祝福を）が伝えたものであり、内容も形式も完全なるイスラームの物語なのです。イスラームの物語文学図書、とりわけ子供向けの図書には、このようなイスラーム物語文学が必要です。

先の研究を終えて以来、私はこれらのハディース・テキストを集め、出版の準備をするよう強く求められてきました。その声はまず私自身のものであり、それから、ムスリムの同胞や同僚、そしてイスラームの物語テキストに関心を寄せる人々のものでした。私は当時、博士課程の研究論文の準備に忙しく、またその後も仕事や生活に追われたのですが、それでも時折時間を見つけてはそれらのハディース・テキストの蒐集、編集作業に立ち返り、このような形で準備を終えることができました。

高く全能なるアッラーが、私たちの意志や行為を正され、私たちの行いのすべてを純粋に彼のご満足にかなうものにして下さり、私たちが得た知識が、現世と来世で私たちの役に立つようにして下さるよう心から願います。そして最後にこのように祈願いたします。

「アルハムド・リッラーヒ・ラッビルアーラミーン（万有の主、アッラーにこそすべての称賛あれ）。」

リヤード、ヒジュラ暦一四一三年ラジャブ月一日金曜日　西暦一九九二年十二月二十五日

著者：ムハンマド・ブン・ハサン・アルジール

Ⅱ　体験談――六話

「この種の出来事は御使いの人生のさまざまな時期に、またさまざまな状況の中で起きた個人的体験に数えられます。それらは、人が自己の人生で体験した事柄を記す自伝にも似たものです。

御使いは、より重要でより人々の心を動かす自己体験を選んで題材とし、教友たちに語り聞かせる話として組み立てています。それは、物語の形で御使いの身に起きた未曾有の体験がムスリムに示されることにより、教友たちの御使いとその神託への信仰がより深まることを望んでのことでした。」（拙著『ハディースの中の物語』三三三ページより）

1　天使に胸を開かれる

御使いの教友、ウトバ・ブン・アブドゥ・アッスラミーは次のように語りました。

ある男がアッラーの御使いに、「アッラーの御使いよ、あなたの最初の（奇跡的な）体験は、どのようなものでしたか?」と訊ねると、御使いはこう答えました。

《私の乳母（ハリーマ・アッサアディーア）はサアド・ブン・バクル族の出身でした。ある時、私と彼女の息子は子羊たちを連れて出かけましたが、食べ物を持ってこなかったので、私は彼に、「兄弟よ、行って、お母さんから食べ物をもらってきなさい。」と言いました。それで私の（乳母）兄弟はお母さんの許へ向かい、私は家畜の傍らに残りました。

そこに鷲のような二羽の白い鳥が近づいてきました。そして片方の鳥が相手の鳥に「あれが彼ですか?」と訊くと、相手は「そうです。」と答えました。すると二羽は近づいてきて私を捕らえ、私を仰向けにして腹を割りました。それから心臓を取り出して割り、そこから黒い二つの凝血を取り出しました。

すると、片方の鳥が相手の鳥に、「雪水を持ってきなさい。」と言い、雪水で私の腹の中を洗いました。そしてさらに、「冷水を持ってきなさい。」と言い、冷水で私の心臓を洗いました。次に、「サキーナ（静穏）を持ってきなさい。」と言い、それを私の心臓の中に埋め込みました。そして、片方の鳥が相手に「縫い合わせなさい。」と言うと、相手の鳥は縫い合わせ、その上に預言者の印を押しました。それから片方の鳥は相手の鳥にこう言いました。

「彼を天秤の片方に置き、そして彼のウンマ（共同体）の一〇〇〇人の人々をもう片方に置きなさい。」》

そして、アッラーの御使いはこのように言いました。

《私は自分の上方に一〇〇〇人の人々がいるのを見て、彼らが私の上に落ちてくるのではないかと恐れました。（一〇〇〇人の人々を乗せた秤はその人数にもかかわらず、御使いと比べて軽すぎ、持ち上がってしまったから。）

すると、その鳥はこう言いました。

「もしも彼と彼のウンマ（全員）を秤にかけたとしても、きっと彼のほうに傾くことでしょう。」

それから二羽は私をそこに置いたまま飛び去りました。》

そして、アッラーの御使いはこのように話しました。

《私はとても激しい恐怖を感じ、その後乳母の許へ戻って自分が体験したことを話しました。すると乳母は、私が悪霊か何かに取りつかれたのではないかと恐れ、「アッラーがあなたを守護してくださいますように。」と言うと、ラクダに旅支度を施しました。

それから彼女は私をラクダの上に乗せ、自分は私の後ろに乗って出発しました。そして私の実母（アーミナ・ビント・ワハバ）のところへ到着すると、乳母は実母に、「私は自分に託された信頼を全うし、責任をきちんと果たしました。」と言って、私が体験したことを話したのです。しかしその話に実母は驚かず、このように言ったのでした。

「この子が生まれた時、私は彼から光が放たれるのを見たのですが、その光はダマスカスの宮殿を照らしたのです。」》

2　天使ジブリール

ヤフヤーはこのように伝えています。

私がアブー・サラマに、「クルアーンで最初に啓示されたのはどの聖句ですか？」と尋ねたところ、彼は、「包る者章《くるま》です。」と答えたので、私は「凝血章ではありませんか。」と聞きました。

そして私はジャービル・ブン・アブドゥッラーにも、「クルアーンで最初に啓示されたのはどの聖句ですか？」と訊ねましたが、彼も、「包る者章です。」と答えました。そこで、「凝血章ではありませんか。」と聞くと、ジャービルは私にこのように言いました。

「私はアッラーの御使いが語ったことを話しているのです。彼はこのように言いました。《私はヒラー洞窟に一カ月こもりました。そしてその滞在を終えると山から下りて谷底の方に行きました。その時、誰かに呼びかけられたので、私はあたりをくまなく見回しましたが誰も見当たりませんでした。

するとまた呼びかけられたので、もう一度あたりを見回しましたがやはり誰も見当たりません。しかし、さらに呼びかけられて頭を上げてみると、空中の玉座の上に彼（天使ジブリール）がいたのです。私は恐ろしくなり激しく震え、ハディージャのところへ戻って、「私を包み隠してくれ。」と言いました。それで家の者たちは私を包み隠し、私に水をかけました。するとその時、偉力並びないアッラーはこの聖句を啓示なされたのです。

〈（大衣に）包る者よ、立ち上って警告しなさい。あなたの主を讃えなさい。またあなたの衣を清潔に保ちなさい。〉（包る者章七四・一－四）》」

3　天からの声

預言者の妻アーイシャが語ったところによれば、彼女は預言者にある時、このように訊ねました。

「あなたにとって、ウフド戦役の日よりも厳しい日がありましたか？」

すると彼はこう答えました。

《私はあなたの部族（クライシュ族）からそれを経験しました。アカバ誓約の日に彼らから受けた経験こそ最も厳しいものでした。私はイブン・アブドゥ・ヤーリール・ブン・アブドゥ・クラールにイスラームを説きましたが、彼は私が望むようには応じませんでした。それで私は苦悩を抱えて立ち去り、カルブ・アッサアーリブのあたりに行き着くまで呆然としたまま歩きました。そしてふと頭を上げると、そこには雲が一つあり、私に日陰を作っていました。よく見るとその中にはジブリールがおり、私にこのように呼びかけました。

「アッラーは、あなたの部族のあなたに対する言葉や反抗をお聞きになり、あなたに山を司る天使を遣わされました。あなたが彼らに対して望むことを命じるために。」

すると、山の天使は私にサラームの挨拶をし、このように言ったのです。

「ムハンマドよ、望むことを命じなさい。もしあなたが望むなら、彼らの上に二つの山（マッカ近郊のアブー・クバイス山など）を投げつけましょう。」》

しかし、それに対して預言者はこのように答えたのでした。

《いいえ、そうではなく、彼らの子孫からアッラーだけに仕え、彼に何も同位者を配さない者を輩出して下さるよう、アッラーにお願いします。》

4　アッラーはあなたを守られる

ジャービル・ブン・アブドゥッラーはこのように伝えています。

私たちはアッラーの御使いとナジド方面へ遠征の旅に出ました。そしてアッラーの御使いは、棘のある灌木が生い茂ったワーディー（涸れ谷）で私たちに追いつきました。それから彼は木の下に腰を下ろして剣を枝にかけ、人々も木陰を求めてワーディーに散らばっていきました。するとアッラーの御使いは次のように話しました。
《私が寝ている時、ある男が近づいてきて剣を取り上げました。目覚めたときには男は私の枕元に立っており、彼が抜き身の剣を手にしていることに私はほとんど気がつかなかったほどでした。男は私に、「誰が私からあなたを守ってくれるのか？」と言いました。そこで私が、「アッラー。」と答えると、彼は再び、「誰が私からあなたを守ってくれるのか？」と言いました。それで私がまた「アッラー。」と答えると、彼は剣を鞘におさめたのです。その者はほらここに座っている者です。》
その後もアッラーの御使いは、彼に咎めだても対抗もしませんでした。

5　昇天の奇跡

アナス・ブン・マーリクによると、アッラーの御使いは次のように語りました。

《私のところにブラークが連れてこられました。（それは、白色で胴体が長く、ロバよりも大きくラバよりも小さく、それでいてそのヒヅメを視界の果てまで伸ばすことができる動物でした。）

私はそれに乗り、エルサレムの聖マスジド（通称岩のドーム）までやって来ました。そして預言者たちが使う輪にブラークをつないでマスジドに入り、二ラカートの礼拝を捧げました。それから外に出ると、天使ジブリール（彼に平安がありますように）がぶどう酒の入った器とミルクが入った器を持ってやって来ました。そこで私がミルクを選ぶと、ジブリールは、「あなたは良いもの（自然にかなったもの）を選びました。」と言いました。

それから彼は私を連れて昇天し、天界の門を開けるよう求めました。すると、（門番に）「誰ですか?」と問われ、彼は、「ジブリールです。」と答えました。次に、『あなたと一緒にいるのは誰ですか?」と問われ、彼が、「ムハンマドです。」と答えると、さらに、『彼は使徒として遣わされた者ですか?」と問われました。そこで彼が、「はい、そうです。」と答えると、天界の門は私たちのために開かれました。するとそこにはアーダムがいて私を歓迎し、私の幸福を祈ってくれました。

次に私たちは第二層の天界へ昇り、ジブリールは門を開けるよう求めました。すると、「誰ですか?」と問われ、彼が、「ジブリールです。」と答えると、次に、「あなたと一緒にいるのは誰ですか?」と問われました。そこで彼が、「ムハンマドです。」と答えると、さらに、「彼は使徒として遣わされた者ですか?」と問われました。そこで彼が、「はい、そうです。」と答えると、門は私たちのために開かれました。するとそこには、母方の従兄弟同士である、イーサー・ブン・マルヤムとヤフヤー・ブン・ザカリーヤー（彼らにアッラーの祝福がありますように）がいて私を歓迎し、私の幸福を祈ってくれました。

それから私たちは第三層の天界へ昇り、ジブリールは門を開けるよう求めました。すると、「誰ですか?」と問われ、彼は、「ジブリールです。」と答えました。次に、「あなたと一緒にいるのは誰ですか?」と問われ、彼が、「ムハンマドです。」と答えると、さらに、「彼は使徒として遣わされた者ですか?」と問われました。そこで彼が、「そのとおりです。」と答えると、門は私たちのために開かれました。するとそこにはユースフがいました。彼はこの世の美の半分を与えられたほどに美しい顔立ちをしており、私を歓迎し、私の幸福を祈ってくれました。

次に、私たちは第四層の天界へ昇り、ジブリールは門を開けるよう求めました。すると、「誰ですか?」と問われ、彼は、「ジブリールです。」と答えました。次に、「あなたと一緒にいるのは誰ですか?」と問われ、彼が、「ムハンマドです。」と答えると、さらに、「彼は使徒として遣わされた者ですか?」と問われました。そこで彼が、「はい、そうです。」と言うと、門は私たちのために開かれました。するとそこにはイドリースがいて、私を歓迎し、私の幸福を祈ってくれました。偉力並びないアッラーは彼について、〈そしてわれはかれを高い地位に挙げた。(マルヤム章一九・五七)〉と啓示なさっています。

次に私たちは第五層の天界へ昇り、ジブリールは門を開けるよう求めました。すると、「誰ですか?」と問われ、彼は、「ジブリールです。」と答えました。次に、「あなたと一緒にいるのは誰ですか?」と問われ、彼が、「ムハンマドです。」と答えると、さらに、「彼は使徒として遣わされた者ですか?」と問われました。そこで彼が、「はい、そうです。」と答えると、門は私たちのために開かれました。するとそこにはハールーンがいて、私を歓迎し、私の幸福を祈ってくれました。

次に私たちは第六層の天界へ昇り、ジブリールは門を開けるよう求めました。すると、「誰ですか?」と問われ、彼が、「ジブリールです。」と答えると、さらに、「あなたと一緒にいるのは誰ですか?」と問われました。そこで彼が、「ムハンマドです。」と答えると、さらに、「彼は使徒として遣わされた者ですか?」と問われました。そこで彼が、「はい、そうです。」と答えると、門は私たちのために開かれました。するとそこにはムーサーがいて、私を歓迎し、私の幸福を祈ってくれました。

次にジブリールは私を連れて第七層の天界まで昇り、門を開けるように求めました。すると、「誰ですか?」と問われ、彼は、「ジブリールです。」と答えました。次に、「あなたと一緒にいるのは誰ですか？」と問われ、彼が、「ムハンマドです。」と答えると、さらに、「彼は使徒として遣わされた者ですか？」と問われました。そこで彼が、「はい、そうです。」と言うと、門は私たちのために開かれました。するとそこには、バイト・アルマアムール（カアバの雛形とされる天上の聖殿であり、不断に詣でられる聖殿）にもたれかかっているイブラーヒームがいました。その聖殿へは毎日七万もの天使がみなただ一度ずつの機会を与えられて巡拝に入ります。

その後、ジブリールは私を連れて、スィドラ・アルムンタハー（はるか遠い涯にあるスィドラ木）のところへ行きました。その葉はまるで象の耳のようで、その実は甕のようでした。アッラーのご命令でこの木が（花で）覆われるとその様子は一変し、それは、アッラーの被造物の誰一人として欠点を上げることができないほどの完璧な美しさです。そして、アッラーはこの時、私に啓示を下され、毎昼夜、五〇回の礼拝を義務づけられたのです。

その後、私がムーサーのところに下りていくと、彼は私にこう尋ねました。

「主はあなたのウンマに対して何を義務づけられましたか？」

そこで私が、「日に五〇回の礼拝です。」と答えると、彼はこのように言いました。

「主の許へ戻り、礼拝の軽減を求めなさい。あなたのウンマ（信仰共同体）はその負担に耐えられないでしょう。私自身、イスラエルの民に試みてよく知っているのです。」

そこで私は主の許へ戻り、「主よ、私のウンマのために負担を軽くして下さい。」と言いました。すると主は五回分だけ礼拝を減らして下さいました。

それで私はムーサーのところへ帰り、「主は礼拝を五回分減らして下さいました。」と言いましたが、彼はまたこう言いました。

「あなたのウンマの人々はその負担に耐えられないでしょう。主の許へ戻り、礼拝の軽減を求めなさい。」

こうして、私は恩寵深く至高なる主とムーサーの間を何度も往復しました。すると主は、最後にこう仰せられたのでした。

「ムハンマドよ、われは日に五回の礼拝を命じ、各礼拝につき、一〇倍の報償を約束しよう。それで五〇回分の礼拝と同じになるように。そして、一つの善行を志しながらそれを実行に移さなかった者にも、それは一つ分の善行として書き留められ、それを実行に移した場合にはその一〇倍の善行として書き留められよう。また、一つの悪行を企図しながらも実行に移さなかった者には何も書き留められず、それを実行に移した場合には、ただ一つ分の悪行として書き留められよう。」

それから私はムーサーのところに下り、そのことを告げると、彼はまた、「主の許へ戻り、礼拝の軽減を求めなさい。」と言いました。しかし、私は彼にこのように言ったのでした。

「私は何度も主の許へ戻って軽減を求めてきたので、もはや主に対して恥ずかしく思うのです。」》

6　私は主に願った

アブー・フライラの伝えるところ、アッラーの御使いは次のように語りました。

《私が偉力並びないわが主に願ったところ、主は、私のウンマの七万の人々を満月のような美しい姿で天の楽園に入れると約束して下さいました。そして私がもっと増やして下さるよう願うと、その数を各一〇〇〇人につき七万ずつ増やして下さいました。そこで私が、「主よ、もしその数が私の共同体のムハージルーン（マディーナへの移住者）だけでは足りない場合はどうなるのでしょうか?」と尋ねると、主はこう仰せられました。

「それなら、あなたのためにそれら（不足分）の人々を遊牧アラブの民で満たそうではないか。」と。》

Ⅲ　夢——七話

「先の物語は御使いが目覚めている時に起きたことですが、それとは別に、御使いが夢の中で体験したエピソードも数多くあります。これらの夢の話はすべて幽玄界について語られ、恩寵深く至高なるアッラーが御使いに明かされた神秘の真実を示すものです。そしてこれら夢の物語は、啓示の一種に数えられています。（妻の）アーイシャは、『アッラーの御使いに下された最初の啓示は、眠っている時に見た正夢でした。』と言ったと伝えられています。」（拙著『ハディースの中の物語』三四〇ページ）

7　未来の光景

アブー・バクル・アッスィッディークは次のように伝えています。

アッラーの御使いは、ある日ファジュル（暁）の礼拝を捧げ、そのまま座っていたのですが、やがて朝が来ると（見た夢のため）笑いました。

それからその場に座りつづけ、彼は時間が来るとズフル（昼）とアスル（午後）とマグリブ（日没後）

の礼拝を捧げましたが、その間ずっと黙ったままでした。そして最後のイシャーゥ（夜）の礼拝を捧げると、彼は家族の許へ帰っていきました。

そこで人々はアブー・バクルにこう言いました。

「あなたはアッラーの御使いにどうしたのかと尋ねないのですか？　彼は今日、今までにしたことがないようなことをしたというのに。」

それで、アブー・バクルが御使いに訳を尋ねると、彼はこのように語りました。

《私は今日、現世と来世で起こる光景を見せられました。その中で、新旧の人々が広い平地に集められていたのですが、彼らは恐れて口元まで届くほど大量の汗をかきながらアーダムの許へ向かい、彼にこう言いました。

「アーダムよ、あなたは人類の父であり、偉力並びないアッラーはあなたを選ばれました。ですから、私たちのために主の許で執り成しをして下さい。」

しかし彼は人々にこのように言うのです。

「私はあなた方と同様の体験をしました。ですから、あなた方の祖先、ヌーフのところへ行きなさい。〈クルアーンに言うように〉〈本当にアッラーは、アーダムとヌーフ、そしてイブラーヒーム一族の者とイムラーン一族の者を、諸衆の上に御選びになられた。〈イムラーン家章三・三三〉〉」

そこで人々はヌーフのところへ行き、こう言いました。

「主の許で私たちのために執り成しをして下さい。アッラーはあなたをお選びになり、あなたの祈りに応えられ、誰一人として地上に不信仰者を放置なされませんでした。」

しかし、ヌーフはこのように言うのです。

「あなた方が望むことは私にはできません。イブラーヒームのところへ行きなさい。偉力並びないアッラーは彼を親しい友となされたのですから。」

そこで人々はイブラーヒームのところへ行きましたが、彼はこう言いました。

「あなた方が望むことは私にはできません。ムーサーのところへ行きなさい。偉力並びないアッラーは彼に親しく語りかけられたのですから。」

しかし、ムーサーも彼らにこのように言いました。

「あなた方が望むことは私にはできません。マルヤムの息子イーサーのところへ行きなさい。彼は盲人やらい病患者を癒し、死者を甦らせたのですから。」

しかし、イーサーはこのように言いました。

「あなた方が望むことは私にはできません。人類の長のところへ行きなさい。それは復活の日、誰よりも先に大地（墓）から出される者です。ムハンマドのところへ行きなさい。彼はあなた方のために偉力並びない主の許で執り成しをしてくれるでしょう。」》

こうしてムハンマドは出向いて行き、それでジブリールが主の許へ参じると、偉力並びないアッラーは彼にこのように仰せられました。

「ムハンマドに（執り成しの）許可を与え、楽園の吉報を伝えなさい。」

そこで、ジブリールがムハンマドを連れて出向くと、ムハンマドは金曜礼拝と金曜礼拝の間ほど（一週間）も長くサジダ（平伏礼）を捧げました。

すると、偉力並びないアッラーはこのように仰せられました。

「頭を上げなさい、ムハンマドよ。願いなさい、それは聞き届けられよう。執り成しをしなさい、それは受け入れられよう。」

そこでムハンマドが頭を上げたところ、偉力並びない主を目にして思わずまた先と同じほど長くサジダを捧げました。そうすると偉力並びないアッラーは再びこのように仰せられました。

「頭を上げなさい。そして願いなさい、それは聞き届けられよう。執り成しをしなさい、それは受け入れられよう。」

それからムハンマドはまた進もうとするのですが、すぐにまた身を投げ出してサジダを捧げるので、ジブリールがその腕を取りました。すると偉力並びないアッラーは、誰にもお教えにならなかったドゥアー（祈願）をムハンマドに教えられました。そこでムハンマドはこのように言いました。

「主よ、自慢するために申し上げるのではなく、あなたは私を人類の長として創られました。また、自慢のために申し上げるのではなく、あなたは私を、復活の日に最初に大地から出される人間にして下さいました。そして、サナア（イエメンの首都）とアイラ（現在のアカバ湾の街）の間にいるより多くの人々が、（楽園の）溜池で喉を潤すようにして下さったのです。」

その後、「誠実なる者たちを呼びなさい。」というお告げがあり、彼らは（ムハンマドによって）執り成しをしてもらえます。

次に、「預言者たちを呼びなさい。」というお告げがあります。すると、人々の集団と共にやって来る預言者もいれば、五、六人の人々と共にやって来る預言者もおり、中には誰も連れずにやって来る預言者もいました。

それから、「殉教者たちを呼びなさい。」というお告げがあり、彼らのうち望む者のために執り成しがなされました。

すると偉力並びないアッラーは次のように仰せられました。

「われは最も慈悲深い者である。かつてわれに何の同位者も配さなかった者は誰でも楽園に入れなさい。」

それで、その人々は楽園に入ります。

それから、偉力並びないアッラーはこう仰せられます。

「火獄を見なさい。そこに何か一つでも善行をなした者がいるだろうか。」

すると彼らは火獄の中にある男を見つけるでしょう。そこで主はこのように男に問いかけます。

「あなたは何か一つでも善行をなしたことがあるのか?」

それに対して、男はこう言います。

「いいえ、ただ私は商売において人々に寛容でありました。」

すると偉力並びないアッラーはこう仰せられました。

「われのしもべ（その男）を寛容に赦してやりなさい。彼がわれのしもべたちに寛容であったように。」

次に、別の男が火獄から出され、「あなたはかつて何か一つでも善行をなしたことがあるのか?」と問われると、このように答えました。

「いいえ。ただ私は息子に向かって、私が死んだら私の体を黒い灰になるまで焼いて、それを海へ持って行って風が飛ばすに任せなさい、と言いました。アッラーに誓って言いますが、そうすれば万有の主は私にもう何もおできにならないでしょうから。（注：本当はアッラーに不可能なことなどなくて、灰になったものでも復活させられる）」

そこで主が、「あなたはなぜそうしたのか？」と問うと、男は、「あなたを恐れてのことです。」と答えました。

すると偉力並びないアッラーはこのように仰せられました。

「比類なき王の王権を見なさい。あなたにはそれと同じもの、そしてその一〇倍のものを与えよう。」

しかし男はこのように言うのです。

「まさにあなたは王であられますが、どうして私をからかわれるのでしょうか？」》

（ここまで話して）御使いは次のように言いました。

《朝から私が笑っていたのは、その（偉大なアッラーの力をはき違えていた男の顚末の）ためです。》

8　主のお側にはべる天使たちが競うもの

イブン・アッバースによると、御使いはこのように語りました。

《ゆうべ、偉力並びないわが主は私が寝ているところへ最も美しいお姿でおいでになり、このように問われました。

「ムハンマドよ、あなたは（われの側にはべる）天使たちが何を競っているか知っているか？」

そこで私が、「いいえ。」と答えると、主はその御手を私の両肩の間に置かれました。すると私の胸のあたりにその御手の心地良い感触が伝わり、私は天地の間の事物を知ることができました。

それからまた主は再び私にこのように問われました。

「ムハンマドよ、あなたは（われの側にはべる）天使たちが何を競っているか知っているか？」

そこで私はこのように答えました。

「はい。彼らはカッファーラート（贖罪の行為、善行の積み増し）とダラジャート（天上の位階を上げる行い）を（人間のために）競って求めています。」

そしてさらに主が、「それはどのような行いなのか？」と問われたので、私はこのように答えました。

「（カッファーラートは）マスジドで過ごすこと、集団礼拝への歩み、厳しい寒さの中でもきちんとウドゥー（小浄）を行き渡らせることです。それらを行った者は幸福に生きて幸福に死に、生まれたばかりの日のように過ちを清めてもらえます。」

すると、主はこのように仰せられたのです。

〈ムハンマドよ、礼拝の時にはこのように祈願しなさい。「アッラーよ、私は善きものを求め、悪行の放棄と貧者への愛を願います。そして、もしあなたがしもべたちにフィトナ（試練）を与えようとなさるなら、どうか私をその困難に遭わないまま召し上げて下さい。」》

また、御使いはこのように言いました。

《ダラジャートは、貧者に食べ物を施すこと、サラームの挨拶を交すこと、それと人々が寝静まる夜中に礼拝を捧げることです。》

9 彼に譬え話をしよう

ジャービル・ブン・アブドゥッラー・アルアンサーリーは、ある日、アッラーの御使いがやって来て次の話をするのを耳にしました。

《私は夢の中で、ジブリールが私の頭のところに、ミカイールが私の足のところにいるのを見ました。そして彼らの一方が相手に向かって、「彼に譬え話をしよう。」と言うと、その相手方は私にこのように言いました。

「聞きなさい。あなたがしっかりと聞きますように。悟りなさい、あなたがしっかりと悟りますように。あなたとあなたのウンマを譬えるならばこのようなものです。一人の王がとある地を選んでそこに館を建てます。そして王はその館の中に食卓をしつらえ、人々を食事に招こうと使いを遣わします。それで、人々のある者たちはその使いに応じ、またある者たちは応じません。つまり、アッラーこそその王であり、その地こそイスラームであり、そしてその館こそ楽園です。そこに入った者はみなその中にあるものを食すのです。」》

10 アル・カウサル（楽園の河）

アナス・ブン・マーリクによれば、アッラーの御使いは次のように言いました。

《楽園の中を歩いていた時、私はある河に出ました。その両岸には中が空洞になった真珠のドームがたくさんありました。そこで私は、「ジブリールよ、偉力並びない主があなたに与えられたこのカウサル（潤沢、楽園の川の本流）は何なのですか?」と尋ねました。そして河の中を手でかきまわしてみると、その泥はかぐわしい麝香で、その小石は真珠だったのです。》

11　この宮殿は誰のもの?

アブー・ブライダはこのように伝えています。

ある朝、アッラーの御使いはビラールを呼んでこのように言いました。

《ビラールよ、あなたはどうやって私より先に楽園に入ったのですか? 昨日（夢の中で）楽園に入った時、私は前方であなたの物音を聞いたのです。

そしてその後、黄金に輝く四角い宮殿へと行き着いたので、「この宮殿は誰のものですか?」と尋ねてみました。すると、「あるアラビアの男のものです。」と告げられました。そこで、「私もアラビア人なのですが、この宮殿は誰のものですか?」と尋ねると、「あるクライシュ族の男のものです。」と告げられました。そのため、「私もクライシュ族の者なのですが、この宮殿は誰のものですか?」と尋ねると、「ムハンマドのウンマの男のものです。」と告げられました。それで、「私がムハンマドなのですが、この宮殿は誰のものですか?」と尋ねると、「これは、ウマル・ブン・アルハッターブのものです。」と告げられたのでした。》

するとそれに対してビラールはこのように答えました。

「アッラーの御使いよ、私はアザーン（礼拝の呼びかけ）を唱えたら必ず二ラカートの礼拝を捧げ、不浄の身になったら時間を置かずにすぐウドゥー（小浄）をするようにしています。そしてその時、二ラカートの礼拝を捧げるべきだと私は思っています。」

すると、御使いはこのように言いました。

《それらの行いによってあなたは先に楽園に入っていたのですね。》

また、御使いのこのような伝承も伝えられています。

《（夢の中で）私は楽園で黄金の宮殿を見ました。そこで、「これは誰のものですか？」と尋ねると、「ウマル・ブン・アルハッタープのものです。」と告げられました。》

アブー・イーサーは、この伝承は一人の伝承者だけが伝えたものであるが真正であるとしています。また昨日楽園に入ったとは、他の伝承にもあるように、あたかも実際に入ったような夢を見たということです。

ちなみに、イブン・アッバースは、「預言者たちの夢は啓示である。」と語っています。

12　金と銀の町

サムラ・ブン・ジュンドゥブはこのように伝えています。

かつてアッラーの御使いはよく教友たちに、《あなた方は何か夢を見ましたか？》と尋ね、それを受けて誰かが自分の見た夢について話したものでした。

そんなある日、御使いは彼らにこのように話しました。

《ゆうべ、私のところに二人の天使がやって来ました。彼らは私を起こし、「さあ、行きましょう。」と言いました。そこで彼らと一緒に行くと、やがて横たわる一人の男のところへやって来ました。男のそばには岩を持った別の男がおり、横たわる男の頭に岩を落として頭を砕き、岩は地面に転がりました。そして彼がそれを追いかけて拾い上げ、引き返してくると、横たわる男の頭は元通りに戻っています。すると彼はまた先と同じことをくり返したのでした。そこで私は天使たちに、「スブハーナッラー（アッラーを讃美する言葉。驚きを表す言葉でもある）！　この男たちは何ですか？」と尋ねたのですが、彼らは、「先へ行きなさい。」と言いました。

先へ進むと、私たちは仰向けに横たわる一人の男のところへやって来ました。彼のそばには鉄鉤《かぎ》を持った別の男が立っており、横たわる男の顔の片側にやって来て、口からうなじまで、そして鼻からうなじまで、そして目からうなじまで切り裂きました。それから男の顔のもう片側にも同じようにしました。片側が終わるともう片側はすぐに元通りになるのですが、男はそのたびに前と同じことをくり返すのです。そこで私は、「スブハーナッラー、この男たちは何ですか？」と尋ねたのですが、天使たちは、「先へ行きなさい。」と言いました。

さらに先へ進むと、私たちは炉のような場所へやって来ました。（御使いはここで、《そこでは何か物音や声が聞こえました。》と言ったようにも思います。）私たちが中を覗き込むと、そこには裸の男女がたくさんおり、彼らは下から火であぶられて助けてくれと悲鳴をあげていました。そこで私は、「彼らは何ですか？」と尋ねたのですが、天使たちは、「先へ行きなさい。」と言いました。

さらに先へ進むと、私たちはある川へやって来ました。（御使いは、《血のように赤い川》と言ったように思います。）川の中では一人の男が泳いでおり、川岸では別の男が足元に石をたくさん集めていました。先の男はしばらく泳ぐと、石を集めている岸辺の男の許にやって来ますが、彼にそこで口を開けられて石を放りこまれます。それで男はまた泳ぎ出し、しばらくしてまた岸辺の男の許へ戻ってくると、再び口を開けられて石を放り込まれているのです。そこで私は、「あの二人は何ですか？」と尋ねたのですが、天使たちは、「先へ行きなさい。」と言いました。

さらに先に進むと、私たちはかつて見たこともないような恐ろしい形相の男のところへやって来ました。男のそばには火があり、彼は薪をくべながら火の周りを廻っています。そこで私は、「あれは誰ですか？」と尋ねたのですが、天使たちは、「先へ行きなさい。」と言いました。

先へ進むと、私たちは、あらゆる春の色に包まれ、豊かに木々が茂った園にやって来ました。園の奥にはとても背の高い男がおり、彼の頭は空中にあって見えないほどでした。そして男の周りには、見たこともないほど多くの子供がいました。そこで私は、「これは何ですか？　そして彼らは何ですか？」と尋ねましたが、天使たちは、「先へ行きなさい。」と言いました。

先へ進むと、私たちはこれまで見たことがないほど大きく、美しい園へ行き着きました。天使たちが、「昇りなさい。」と言うので私が昇っていくと、やがて私たちは金と銀のレンガで建てられた町にたどり着きました。そして町の門まで来て門を開けるように求めると、それは私たちのために開かれました。

そこで私たちが入ってみると、そこには、体の半分は見たことがないほど美しく、体のもう半分は見たことがないほど醜い男たちがいました。すると、二人の天使はその男たちに、「行って、あの川の中に入りなさい。」と言いました。見るとそこには川が町を横切るように流れており、それは濁りのない澄んだ水でした。そこで男たちは川へ入り、私たちのところへ戻ってきた時には彼らの醜さは消え去り、みなこの上なく美しい姿になっていたのでした。

すると、二人は私にこう言いました。

「ここは永遠のアドゥンの楽園で、あれがあなたの家です。」

目を上げると、そこには白い雲のような宮殿があり、天使たちは、「あれがあなたの家です。」と言いました。

それを見て、私は天使たちにこう言いました。

「あなた方に祝福がありますように。どうか私をあそこに入らせてください。」

しかし天使たちは、このように言いました。

「今はできませんが、あなたはやがてあそこに入るでしょう。」

そこで、私は彼らにこう言いました。

「ゆうべから私は不思議なものを見てきました。私が見てきたものは何だったのでしょうか？」

すると、天使たちはこのように話しました。

「今からそれについて教えましょう。最初にあなたが見た者で、頭を石で砕かれていた男がいましたが、彼はクルアーンを頂きながらそれを斥け、定めの礼拝を怠って眠りほうけていた者です。また、口、鼻、目からうなじまで切り裂かれていた男がいましたが、彼は朝家を出ると嘘を言いふらし、地の果てまでも多くの嘘をついた者です。炉のようなものの中にいた裸の男女は姦通者たちで、川で泳ぎ、石を食べさせられていた男は利子を貪った者です。そして、火のそばで薪をくべ、その周りを廻っていた恐ろしい形相の男は、地獄の番人の（天使）マーリクです。それから、あの園にいた背の高い男はイブラーヒーム（彼に平安を）で、彼の周りにいた子供たちはみな、アッラーから与えられたフィトラ（天性、唯一の神を信じる心）を持ったまま死んだ者たちです。」》

そこで一部のムスリムが、「アッラーの御使いよ、多神教徒の子供たちもいますか？」と尋ねると、御使いはこのように言いました。

《多神教徒の子供たちもいます。それから、体の半分は美しく、もう半分は醜い人々がいましたが、彼らは善行と悪行を両方なしながらもアッラーに赦された者たちなのです。》

13　審判の日に清算を免除される七万の人々

イブン・アッバースによると、アッラーの御使いはこのように語りました。

《ある日私は（夢で）諸々のウンマを示されました。その際、一、二人の預言者は数人の人々と共に通り過ぎ、また別の預言者は誰も一緒に連れずに通り過ぎました。それから人々の大集団が示されたので、「あれは何ですか？　私のウンマですか？」と尋ねると、「いいえ、あれはムーサーと彼の民です。」と告げられました。

その後、「地平線の方を見なさい。」と言われて見てみると、そこは大集団で埋め尽くされており、また、「さあ、地平線のあそことあそこを見てみなさい。」と言われてそちらの方角を見てみると、そこにも大群集がいて地平線を埋め尽くしていました。それから私はこのように告げられたのです。「あれがあなたのウンマです。あの者たちのうち七万人は審理なしに楽園に入るのです。」》

そう言うと、（その七万人について）説明しないまま、御使いは家へ入りました。

そのため、人々はそれについてしきりに話し合い、このように言いました。

「その七万人は、アッラーを信じ、使徒に従う私たちのことなのだろうか。あるいは、イスラーム信仰の下で生まれた我々の子供たちのことなのだろうか？　私たちはジャーヒリーヤ（イスラーム以前の無明時代）の時代に生まれているのだから。」

やがて人々の話は預言者の耳に届きました。そこで彼はこのように言いました。

《それは、まじないをせず、鳥占いをせず、焼灼（昔の治療の一種）をせず、ひたすら主を信頼する者たちです。》

その時、ウッカーシャ・ブン・ミフサンが、「私も彼らの中に入るでしょうか？」と尋ねると、御使いは、《はい。》と答えました。そしてさらに別の者が立ち、「私も彼らの中に入るでしょうか？」と尋ねると、彼は、《ウッカーシャがあなたより先です。》と言ったのでした。

Ⅳ　譬え話――八話

「ここには一般的な事柄や知的、抽象的真理が含まれています。御使いは教友やその他の信徒に対して、それらをより明確に教えるよう努めました。それらの事柄や真理がムスリムの心の中で確かなものとなり、彼らがそれらについてより深い感触を得ることを御使いは望んでいたのです。そのため、彼はさまざまな説明手段の中から一つの手法を選びました。

譬え話は御使いのそのような目的を実現するのに最良の手法であり、頭の中の考えを抽象の枠から取り出して、実感が伴う物語の形式の中で具現化するのに最も適していました。譬え話は頭の中に残る曖昧さと不明瞭さを取り除き、聞く人や読む人が、その考えをよりよく理解し、よりよく実践し、よりよく吸収できるようにしてくれるからなのです。」（拙著『ハディースの中の物語』三四四ページより）

14　ラクダを失くした男

アブドゥッラーはこのように語りました。

アッラーを信ずる者は、自分が山の麓にいてその山が落ちてきはしまいかと怯えるかのように自分の罪について考えるものですが、アッラーに背く者は、自分の罪をまるで鼻の上に止まったハエのように考え、軽く手で追い払えば飛んでいくもののように思っているのです。

アッラーの御使いはこのように言いました。

《アッラーはしもべの悔悟を大変喜ばれます。譬えると次のとおりです。

ある男が、食糧や飲料や旅の必需品を積んだラクダを連れて凄まじい荒野の砂漠に出かけました。ところがそのラクダを見失って探しまわり、ついには死を覚悟して、「もうラクダを見失ったところへ戻って死のう。」と言って戻ってきて、そこで眠りました。そしてふと目を覚ますと、食糧や飲料や旅の必需品を積んだそのラクダが自分の枕元にいたのです。その時の男の喜びよりも、（先のアッ

ラーの喜びは）ずっと大きいものなのです。》

（アブー・ムアーウィヤは、「アブドゥッラーは二つの話をしましたが、一つは彼自身の話であり、もう一つはアッラーの御使いから聞いた話でした。」と伝えている。）

15 命の船

アンヌウマーン・ブン・バシールによれば、預言者はこのように語りました。

《罪と知りながらアッラーの掟が犯されるのを許す者と罪を犯す者とは、譬えて言えばこのような人々のようなものです。

すなわち、その人々は船の中でくじを引き、ある者たちは（くじの結果）船底にいることになり、また他の者たちは船の上方にいることになります。そして、船底の者たちが水を求めて上の者たちのそばを通ろうとするのですが、上の者たちがそれを妨げるので、船底の一人が斧を取って船底に穴を開けようとします。

そこで上の人々がその男のところへやって来て、「一体どうしたというのですか？」と訊ねると、男はこう言うのです。「どうしても水が必要だというのに、彼らは私を妨げるのだ。」

その時、もし人々がその男を止めたなら、彼らは男を救い、そして自分たち自身も救うことができるのですが、もし男を放っておいたなら、彼らは男を死なせ、自分たち自身も死ぬことになるのです。》

16　雇い主と使用人

アブー・ムーサーによれば、預言者はこのように語りました。

《ムスリムとユダヤ教徒とキリスト教徒はこのように譬えられます。すなわち、ある男が、朝から夕方までの時間を一定の賃金で働く人々を雇いました。しかし、その使用人たちは昼まで働くとこのように言い出します。

「(私たちはここまでで仕事をやめるので) あなたが私たちに決めてくださった賃金はもう要りません。私たちの仕事は無駄になりました。」

そこで男はこう言います。

「途中でやめてはいけません。最後まで仕事を全うして賃金を全部受け取りなさい。」

しかし彼らはそれを拒み、立ち去りました。

それで男は、彼らが去った後、また別の人々を雇ってこのように言いました。

「あなた方は、今から残り時間の仕事を全うしなさい。そうすれば、先の人々に約束した賃金をあなた方に与えましょう。」

しかし、彼らはアスル (午後) の礼拝時間まで働くと、こう言い出します。

「(私たちはここまでで仕事をやめるので) 今までの仕事は無駄になりました。あなたが私たちに決めてくださった賃金はもう要りません。」

そこで男はこう言います。

「仕事を全うしなさい。残り時間はもう少しなのですから。」

しかし彼らはそれを拒んだのです。

そこで男は残り時間を自分のために働く別の人々を雇いました。すると、彼らは最後まで働いてやがて陽は沈み、先の二組の人々の賃金を受け取ります。彼らはちょうど、イスラームの光（真実への導き）を受け入れた人々のようなものです。》

17　レンガの置き場所

ウバイィ・ブン・カアブによれば、アッラーの御使いはこのように語りました。

《預言者たちの中の私はこのように譬えられます。すなわち、ある男が家を建て、レンガ一個分の空間を残してそれを完璧な美しさに仕上げました。それで人々はその建物の周りを廻り、それをとても気に入って、「あのレンガ一個分の場所が完成したらもっといいのに。」と言うのです。預言者たちの中の私は、そのレンガの空間のようなものです。》

また同じ伝承経路で、預言者がこのように言ったと伝えられています。

《自慢するために言うのではなく、復活の日に私は預言者たちのイマーム（導師）であり、彼らに説教する者であり、彼らのために執り成しをする者なのです。》

アブー・イーサーは、この伝承は良好であるとしています。

18　旅人たち

イブン・アッバースはこのように伝えています。

ある日、アッラーの御使いの夢の中に二人の天使がやって来ました。一人は彼の足元に、もう一人は彼の枕元に座りました。そして、足元の天使が枕元の天使に向かい、「彼と彼のウンマを何かに譬えよう。」と言うと、枕元の天使はこのように言いました。

「彼と彼のウンマは、譬えるならばある旅人たちのようなものです。すなわち、その旅人たちは砂漠の入り口までたどり着くのですが、砂漠を渡るだけの食糧も、また引き返すだけの食糧も持っていません。その時、上等な服を身につけた男が彼らの許へやって来て、こう言うのです。

『もし私があなた方を豊かに生い茂る園と清水の溜池に案内したら、あなた方は私に従うでしょうか？』

そこで彼らが、『はい。』と答えると、男は旅人たちを連れ、豊かに生い茂る園と清水の溜池へ案内しました。それで旅人たちは食べて飲んで腹を太らせました。すると男は彼らにこのように言います。

『私は先のような状態にあったあなた方と会いましたが、あなた方は私が豊かに生い茂る園と清水の溜池へ案内すれば、私に従うと約束しましたね？』

それに対して彼らが、「そのとおりです。」と言うと、男はこのように言います。

『あなた方にはこれよりもっと豊かに生い茂った園と、これよりもっと清い水の溜池が用意されているのです。ですから私に従いなさい。』

すると彼らのある集団は、『そのとおりだ。アッラーに誓って、私たちは彼に従おうではないか。』と言い、また別の集団は、『私たちはこの園で充分満足していますから、ここに留まることにします。』と言うのです。」

19　率直な警告者

アブー・ムーサーによれば、預言者はこのように語りました。

《私と、アッラーが私に授けて下さった真理を譬えて言うならば、ちょうどこのようなものです。すなわち、ある日一人の男が仲間のところにやって来てこう言います。「皆さん、私は確かにこの日で軍隊を見ました。私は率直な警告者です。ですから皆さんは逃げる準備をしなければなりません。」

そこで人々のうちのある集団は彼に従い、日暮れに旅立ち、ゆっくりとその場を立ち去って助かります。

しかし別の集団は彼の話を偽りと決めつけてそこで朝を迎え、翌朝になると軍隊が攻め込んで彼らを滅ぼしてしまうのです。

これが、私と私が授かった真理に従う者と、私に背き、私が授かった真理を偽りだと決めつける者の譬えです。》

20　主の御厚意

イブン・ウマルによれば、アッラーの御使いはこのように語りました。

《過去の諸々のウンマ（共同体）からすれば、あなた方に定められた期間は（一日の時間に譬えると）、アスル（午後）の礼拝と日没までの時間のようなものです。そしてあなた方と、ユダヤ教徒、キリスト教徒を譬えるなら、このようなものです。

すなわち、ある男が使用人たちを雇い、「誰か私のために一キラートの賃金で昼まで働く者はいませんか？」と言うと、ユダヤ教徒たちが一キラートで働きます。

次に男が、「誰か私のために一キラートで昼からアスル（午後）まで働く者はいませんか？」と言うと、キリスト教徒たちが一キラートで働きます。

その後、あなた方がアスルの礼拝の時間から日没までを二キラートで働くのですが、それを見てユダヤ教徒とキリスト教徒は怒ってこのように言うのです。

「私たちはもっと多く働いたのに、彼らより少ししか貰えないのですか。」

するとその時（アッラーは）「われはあなた方の当然の貰い分を少しでも損なったのか？」と問われます。そこで彼らが、「いいえ。」と答えると、このように仰せられるのです。

「われが与えるものはわれの報償であり、われが望む者に与えるものである。」》

これは、良好で真正なハディースです。

21　アッラーの道のために財を費やす者と吝嗇な者

アブー・フライラによれば、アッラーの御使いはこのような譬え話をしました。

《吝嗇な者と施しをする者とは、ちょうど鉄の鎖帷子を身につけた二人の男のようなものです。二人の両手は窮屈に胸と鎖骨に押しつけられているのですが、施しをする者は施しを差し出すたびにその鎖は広がっていき、やがて彼の足の指も覆って足跡をも消すほどにゆったりします。しかし、吝嗇な者は施しを意図するたびに鎖が収縮し、一つ一つの輪のかみ合いは縮んでしまうのです。》

さらにアブー・フライラはこのように伝えています。

「私は、アッラーの御使いがポケットに指を入れながら、このように言うのを見ました。《彼が鎖を広げようとするのをあなたは見たとしても、それは広がらないでしょう。》」

V　諸預言者――一四話

「これらの物語の題材は昔の歴史的な出来事から取られています。しかしながらアッラーの御使いは昔の出来事の中から、ムスリム共同体を育み、指導するうえで、またイスラーム伝教の目的を実現するうえで、より大きな影響力を持つ題材を選んで語っています。それは、歴史的詳細や出来事の細部に重点を置くものではありません。たとえ物語の題材が歴史的なものであっても、それは学術的手法による歴史紹介を意味するわけではないのです。

学術的手法による歴史紹介は情報提供を目的とするものにすぎません。それは、私たちに感情や高揚をもたらすような各出来事の雰囲気や各場面の状況を伝えるものとはかけ離れているからです。

これらの物語では、指導や教育の目的にかなう題材が選ばれており、より大きな感動や示唆を与える文学手法の中でそれらの題材が提示されています。そしてたとえ文学的手法を用いても、それによって必ずしも歴史的事実が損なわれたり、矛盾が生まれたり、つけ足しや欠落による変容がもたらされるわけではないのだということにも、留意しなければなりません。これらの物語は文学的、かつ感動的な形態の中で歴史的題材を伝えているということです。」（拙著『ハディースの中の物語』三五五－三五六ページ）

22　ダーウードと死の天使

アブー・フライラによれば、アッラーの御使いはこのように語りました。

《預言者ダーウードは激しい嫉妬の持ち主でした。彼が出かけるとすべての門が閉じられ、彼が帰るまで誰一人彼の妻たちと面会することはできませんでした。

そんなある日のこと、ダーウードが外出するといつものように屋敷には錠がかけられました。しかし妻の一人が屋敷の中を見ると、その真ん中に男が立っているではありませんか。そこで彼女は周りの者たちにこのように言いました。

「屋敷はどこも閉まっているというのに、あの男は一体どこから入ったのでしょう。アッラーに誓って言いますが、ダーウードはきっとすべてを暴くことでしょう。」

やがてダーウードが帰ってきました。そして男が屋敷の真ん中に立っているのを見ると、「あなたは一体誰ですか？」と訊きました。すると男はこのように答えました。

「私は王を恐れない者、そして何ものにも阻まれない者です。」

それを聞くと、ダーウードはこう言いました。

「アッラーに誓って言いますが、あなたは死の天使ですね。私はアッラーのご命令を喜んで受け入れましょう。」

そう言うとダーウードはその場にうずくまりました。そしてその魂は捕らえられ、彼はこの世を後にしました。

やがて太陽が彼の上に昇ると、スライマーン（ダーウードの息子）は鳥たちに、「ダーウードの上に陰を作りなさい。」と命じました。そこで鳥は彼の体の上に陰を作ると、二人の周りは闇で覆われてしまいました。そこでスライマーンはまた鳥に向かい、「翼を一枚閉じなさい。」と命じたのです。》

さらにアブー・フライラはこのように伝えています。

「アッラーの御使いは、その時鳥がどのようにしたかを私たちに示してくれました。こうして御使い（ダーウード）の魂は捕らえられ、その日、鷲（あるいは鷹）の陰にその体は覆われたのでした。」

23　イブラーヒームとイスマーイール

イブン・アッバースはこのように伝えています。

イブラーヒームは妻（サーラ）との間に問題が生じた時、（もう一人の妻ハージャルと息子の）イスマーイールを連れ、水の入った皮袋を持って旅に出ました。イスマーイールの母は皮袋の水を飲み、子供に乳を与えました。

やがてマッカに着くと、イブラーヒームは彼らを大木の木陰に残して再びサーラの許へ向かいました。そこでイスマーイールの母はその後を追い、カダーゥ（の地点）まで来ると後ろから彼にこのように呼びかけました。

「イブラーヒームよ、あなたは私たちを誰に託していくのですか?」

そこで彼が、「アッラーです。」と答えると、彼女はこう言いました。

「私は（託される相手として）アッラーに満足します。」

それから彼女は大木の木陰へ戻り、皮袋の水を飲んで子供に乳を与えました。しかしやがて水がなくなると、彼女はこう言いました。

「探しに行けば誰か見つかるかもしれない。」

それで彼女は木陰を離れ、サファーの丘を登って誰かいないだろうかとあちこち見渡しましたが、誰もいませんでした。それからワーディー（涸れ谷）に向かい、次いで走ってマルワの丘に登りましたが、やはり誰もいませんでした。彼女はそれを何度もくり返し、それから「子供がどうしているか見に行こう。」とつぶやきました。

子供のところへ戻ってみると、彼は息も絶え絶えで今にも死にそうにしており、母の心はその姿を受け入れることができません。そこでまた、「探しに行けば誰かいるかもしれない。」と言ってその場を離れました。それからサファーの丘を登り、あちこち見回しましたがやはり誰も見当たりません。彼女はそれを七回くり返し、また、「子供がどうしているか見に行こう。」とつぶやきました。

その時、どこからか声が聞こえたので、彼女はこう言いました。

「ご厚意がおありならば、どうかお助けください。」

すると突然、天使ジブリールが現れたのです。そしてこのようにしてそのかかとが地面に触れると、そこから水が噴き出しました。それを見たイスマーイールの母は驚き、慌てて水を汲み始めました。アブー・アルカースィム（預言者ムハンマドの呼び名）はそのことについてこのように言いました。

《もし彼女がその水を汲まずに放っていたなら、それは溢れるほどになっただろうに。》

それでイスマーイールの母はその水を飲み、子供に乳を与えました。そんなある時、ジュルフムの民がワーディーの谷間を通った際、そこに鳥がいるのを見て訝しがりました。そして、「鳥はいつでも水辺にいるものだ。」と言い、確かめるために使いの者を送りました。

使いの者はその先で水を見つけ、仲間の許に戻ってそれを報告しました。

そこで人々はイスマーイールの母のところへやって来て、このように願い出たのです。

「イスマーイールの母よ、私たちもここであなたと一緒に暮らしてもいいでしょうか？」

こうして、その後イスマーイールは大人になり、その民の女性を娶りました。

その後、イスマーイール母子を残してきたイブラーヒームはある日思い立ち、「私は残してきた者たちを見てこよう。」と妻のサーラに言いました。そしてその場所に着くと挨拶をして、「イスマーイールはどこですか？」と尋ねました。そこでイスマーイールの妻が、「彼は狩に出かけました。」と言うと、イブラーヒームは彼女にこのように言いました。

「彼が戻ってきたら、戸口の敷居の向きを変えるように言いなさい。」

その後、イスマーイールが帰ってきたので妻がそれを報告すると、彼はこのように言いました。

「それはあなたのことです。ですからあなたの身内のところへ戻りなさい。」

しばらくすると、イブラーヒームはまた思い立ち、「私は残してきた者たちを見てこよう。」と妻のサーラに言いました。そしてその場所に着くと、「イスマーイールはどこですか？」と尋ねました。するとイスマーイールの（新しい）妻はこう言いました。

「彼は狩に出かけていますが、お入りになって何か食べたり飲んだりなさいませんか？」

そこでイブラーヒームが、「あなた方の食べ物と飲み物は何ですか？」と尋ねると、彼女は、「私たちの食べ物は肉で、飲み物は水です。」と言いました。すると、イブラーヒームはこのように祈ったのでした。

「アッラーよ、彼らの食べ物と飲み物を祝福して下さい。」

アブー・アルカースィムはそれについてこのように言いました。

《マッカの食べ物や飲み物への祝福は、イブラーヒームのこの祈願によるものです。》

しばらくすると、イブラーヒームはまた思い立ち、「私は残して来た者たちを見てこよう。」と妻のサーラに言いました。そしてその場所にやって来ると、イスマーイールはザムザムの泉の向こうで弓を修理していました。そこでイブラーヒームは彼にこう言いました。

「イスマーイールよ、あなたの主は主の館を建てるよう私に命じられました。」

そこでイスマーイールが、「どうか主の御命令に従って下さい。」と言うと、イブラーヒームは彼にこのように言いました。

「主はあなたに手伝わせるよう命じられたのです。」

するとイスマーイールは、「ならば、そのようにします。」と言いました。

それから二人は立ち上がり、イスマーイールは父のところへ石を運び、イブラーヒームはそれで館を建てました。そして、彼らはこのように言いました。

〈「主よ、わたしたちから（この奉仕を）受け入れて下さい。本当にあなたは全聴にして全知であられる。」〉（雌牛章二・一二七）

24　サーラと王

アブー・フライラによれば、預言者はこのように語りました。

《イブラーヒームが嘘をついたのは三度だけです。そのうちの二度は偉力並びないアッラーのためで、その最初は、（彼が偶像崇拝する人々に）〈「わたしは、本当に（心が）痛む。」〉（整列者章三七・八九）〉と言った時であり、もう一つは、（偶像を破壊した後で人々に）〈「いや、いや、それらの中のこの大きい（偶像）がそれをしたのです。」〉（預言者章二一・六三）〉と言った時です。

そして（三度目は）ある日、彼と妻のサーラがある暴君の地へやって来た時のことです。その暴君はある時、「これ以上ないほど美しい女を連れた男がこの地におります。」という報告を聞くと、その男を連れてくるよう命じました。そして連れてこられたイブラーヒームに向かって、その美しい女は誰か、と暴君が尋ねると、イブラーヒームは、「私の妹です。」と答えたのです。それから彼はサーラのところへ戻り、彼女にこのように言ったのでした。

「サーラよ、地上には私とお前の他にアッラーを信じる者はいない。だからあの暴君がお前について尋ねた時、私はお前のことを妹だと言ったのだ。どうか私のことを嘘つきだと思わないでくれ。」

その後、暴君は彼女を連れてくるよう命じました。そして彼女がやって来ると、暴君は彼女を自分のものにしようと思って近づきましたが、彼は何かに捕らえられて身動きができなくなってしまいました。そこで彼はサーラに向かって、「私のためにアッラーに祈ってくれ。もう二度とお前に害は加えない。」と懇願し、サーラがアッラーに祈ると、暴君の体は自由になりました。

しかし、暴君は再び彼女に手をかけようとしたので、先と同じように、あるいはもっと激しく捕らえられました。そこで彼女に再び、「私のためにアッラーに祈ってくれ。もう二度とお前に害は加えない。」と懇願し、サーラが祈ると、彼の体は自由になりました。

すると、暴君は数人の侍従を呼んで、「お前たちが連れてきたのは人間ではなく、悪魔である。」と言い、サーラには召使としてハージャルを与えました。

サーラがイブラーヒームの許に戻った時、彼は礼拝中でした。それで彼が、「何があったのか?」と手まねで尋ねると、サーラはこのように言いました。

「アッラーは不信仰者、あるいは無法者の悪企みを葬られました。そしてあの暴君は私にハージャルを召使として与えたのです。」》

それからアブー・フライラはこのように言いました。

「天水（ザムザムの水）の民よ、それ（ハージャル）があなた方の母なのです。」

25　母親とナイフ

アブー・フライラによれば、アッラーの御使いはこのように語りました。

《かつて、息子を持つ二人の女がいました。ある時、狼がやって来てその片方の女の息子を攫《さら》っていきました。それで一方の女が、「狼はあなたの子をさらっていったのです。」と言うと、他方の女も、「いいえ、狼はあなたの子をさらっていったのです。」と言いました。そこで二人がダーウードに裁きを求めると、彼は年上の女の方に有利な判決を下しました。

しかし、その後二人はダーウードの息子のスライマーンのところへ出向き、そのことを話しました。するとスライマーンはこう言いました。

「それではナイフを持ってきなさい。その子を彼女らのために二等分しようではないか。」

すると、年下の女がこう言ったのです。

「どうかそのようなことはなさらないで下さい。アッラーがあなたに慈悲をかけられますように。それは確かに彼女の子です。」

それを聞くと、スライマーンは年下の女に有利な判決を下したのでした。》

アブー・フライラは加えてこのように言いました。

「アッラーに誓って、私は『スィッキーン（ナイフ）』という言葉を、その日初めて聞きました。それまで私たちはナイフのことを、『ムドゥヤ』と呼んでいたのです。」

26　ムーサーとハディル

サイード・ブン・ジュバイルはこのように伝えています。

私がイブン・アッバースに、「ナウフ・アルビカーリーは、イスラエルの民のムーサーはハディルに同行したムーサーではないと主張しています。」と言うと、彼はこのように話しました。

「アッラーの敵の言うことは偽りです。私はウバイィ・ブン・カアブから、御使いが次のように語ったと聞いています。

《ムーサーは、イスラエルの民に説教をしていた時、「人々の中で一番知識を持っているのは誰でしょうか。」と尋ねられて、「私です。」と答えました。しかし、彼がその時、知識はアッラーに帰するものであるとしなかったことで、アッラーは彼を咎められ、二つの海が合わさるところにいるあるしもべの方があなたよりも知識を持っている、と仰せられたのです。

そこでムーサーが、「主よ、どうすればその人物に会えるでしょうか？」と尋ねると、主は、「魚を籠に入れて持って行き、その魚を失ったところがその場所である。」と仰せられました。

そこでムーサーは、魚を籠に入れて、彼の従者、ユーシウ・ブン・ヌーン（ユースィウとも呼ばれる）を連れて歩き始めました。そしてやがて二人は岩がある場所にたどり着き、そこで横になって休みました。その時、魚は籠の中で跳ね、とうとう籠から出て海に落ちてしまいました。しかしアッラーはその魚の周りの潮流を制され、それはまるでアーチのようになりました。こうして魚はうまく海へ戻り、ムーサーと若者を驚かせたのです。

その後、二人は残りの昼夜を歩きつづけました。しかし、ムーサーの従者は魚のことを彼に告げるのを忘れてしまいました。そして朝を迎え、ムーサーは従者にこのように言いました。

〈かれ（ムーサー）は従者に言った。「わたしたちの朝食を出しなさい。わたしたちは、この旅で本当に疲れ果てた。」（洞窟章一八・六二）〉

アッラーが命じられた場所を過ぎるまで、彼は疲れを感じなかったのです。

〈かれ（従者）は（答えて）言った。「あなたは御分りでしょうか。わたしたちが岩の上で休んだ時、わたしはすっかりその魚（のこと）を忘れていました。これに就いて、（あなたに）告げることを忘れさせたのは、悪魔に違いありません。それは、海に道をとって逃げました。不思議なこともあるものです。」（洞窟章一八・六三）〉

それを聞いてムーサーはこう言いました。

〈「それこそは、わたしたちが探し求めていたものだ。」そこでかれらはもと来た道を引き返した。（洞窟章一八・六四）〉

二人はこうして引き返しました。

（スフヤーンはこのように伝えています。「その岩があった場所には生命の泉があり、その泉の水が体にかかると死者は生き返るのだ、と言う人々もいます。その魚は既に体の一部を食いちぎられていたのですが、水滴がかかって生き返ったのだと言います。」）

やがて引き返した二人は再び岩のある場所まで戻ってきました。するとそこに一枚の衣を纏った男がいました。そこでムーサーがサラームの挨拶をすると、ハディル（その男の名）はこのように言いました。

「あなたの地では（イスラームの）サラームの挨拶が交されているのでしょうか？」

それでムーサーは、「私はムーサーです。」と名乗りました。するとハディルは「イスラエルの民のムーサーですか？」と彼に尋ね、彼が「はい、そうです。」と答えると、このように言いました。

「ムーサーよ、あなたは私が知らないことをアッラーに教えていただいており、私はあなたが知らないことをアッラーに教えていただいています。」

そこでムーサーはこのように言いました。

〈「あなたに師事させて下さい。あなたが授かっておられる正しい知識を、わたしに御教え下さい。」かれは（答えて）言った。「あなたは、わたしと一緒には到底耐えられないであろう。あなたの分らないことに関して、どうしてあなたは耐えられようか。」かれ（ムーサー）は言った。「もしアッラーが御好みになられるなら、わたしがよく忍び、また（どんな）事にも、あなたに背かないことが分りましょう。」（洞窟章一八・六六－六九）〉

すると、ハディルはムーサーにこのように言い渡しました。

〈「もしあなたがわたしに師事するのなら、わたしがあなたに（何かとりたてて）言うまでは、何事に就いても、わたしに尋ねてはならない。」（洞窟章一八・七〇）〉

ムーサーは、「わかりました。」と答え、それからハディルとムーサーは海岸に沿って歩き始めました。

やがて二人はある舟のそばを通りかかりました。そこで自分たちを乗せてくれるよう頼むと、船員たちはハディルを知っていたので、船賃なしで二人を乗せました。するとハディルは一枚の舟板のところへ向かい、それを剝がしたのです。それを見てムーサーは思わずこう言いました。

「彼らは私たちを無料で乗せてくれたというのに、あなたは船に穴を開けたのですか？　それは〈人びとを溺れさすためですか。あなたは本当に嘆かわしいことをなさいました。（洞窟章一八・七一）〉」

しかし、ハディルはこのように言いました。

〈「あなたは、わたしと一緒では耐えられないと、告げなかったか。」（洞窟章一八・七二）〉

それで、ムーサーは彼にこう言いました。

〈「わたしが忘れたことを責めないで下さい。また事を、難しくして悩ませないで下さい。」（洞窟章一八・七三）〉

その後、二人が舟を降りて海岸沿いを歩いていると、ある少年が他の少年たちと遊んでいました。するとハディルは少年の頭をつかんで引き抜き、彼を殺してしまいました。それを見るとムーサーは思わずこう言いました。

〈「あなたは、人を殺した訳でもない、罪もない人を殺されたのか。本当にあなたは（且つて聞いたこともない）惨《むご》いことをしたものです。」（洞窟章一八・七四）〉

しかし、それを聞くとハディルはこのように言いました。

「〈あなたは、わたしと一緒には耐えられないと、告げなかったか。」（洞窟章一八・七五）〉

その出来事は、（ムーサーにとって）最初の出来事よりもさらに困難なものでした。

そこでムーサーはハディルにこのように言いました。

〈「今後わたしが、何かに就いてあなたに尋ねたならば、わたしを道連れにしないで下さい。（既に）あなたはわたしからの御許しの願いを、（凡て）御受け入れ下さいました。」それから二人は旅を続けて、或る町の住民の所まで来た。そこの村人に食物を求めたが、かれらは二人を歓待することを拒否した。その時二人は、正に倒れんばかりの壁を見つけて、（洞窟章一八・七六―七七）〉

その壁は傾いていたのです。そこでハディルは、「こうすればよい。」と指し示し、壁がまっすぐになるよう修理しました。それを見るとムーサーは思わずこう言いました。

「私たちが訪れた人々は、私たちを歓待してくれず、食物も与えてくれませんでした。ですから〈この壁の修理については〉〈「もし望んだならば、それに対してきっと報酬がとれたでしょう。」（洞窟章一八・七七）〉

すると、ハディルはムーサーにこのように言ったのです。

〈「これでわたしとあなたは御別れである。さて、あなたがよく耐えられなかったことに就いて、説明してみよう。」（洞窟章一八・七八）〉》

アッラーの御使いはこのように言いました。

《アッラーがムーサーに慈悲をおかけになりますように。もし彼が我慢していたら、二人のことについてもっと私たちに語られたことでしょう。》

また、アッラーの御使いはこのように語りました。

《これはムーサーが忘れた最初のことでした。それから小鳥がやって来て、舟の舳先に止まって海水を飲みました。するとハディルはムーサーにこのように言ったのでした。

「私の知識もあなたの知識も、アッラーの知識に比べれば、ちょうどあの小鳥が大海の水をくちばしで飲むようなものなのです。」》

また、サイード・ブン・ジュバイルはこのように伝えています。

「イブン・アッバースは次の意味の聖句を唱えました。

『かれらが向かう先には、凡ての使える船を力ずくで奪い取る王がいたのです。（洞窟章一八・七九参照）』

それから彼は次の意味の聖句を唱えました。

『そしてあの少年はといえば、彼は不信仰者でした。（洞窟章一八・八〇参照）』」

アブー・イーサー・アッティルミズィー（本文の伝承者）は、「これは、良好で真正なハディースである。」と言及しています。

27 ムスリムと戦利品

アブー・フライラによれば、アッラーの御使いはこのように語りました。

《ある預言者が聖戦を行い、民に向かってこう言いました。

「次のような者は私についてきてはいけない。すなわち、女性をめとり、結婚を完了させたいと思いながらまだ果たせずにいる者、家を建てたがまだ屋根をつけていない者、孕んでいる羊、またはラクダを買い、仔が生まれるのを待っている者である。」

そしてその預言者は聖戦に向かい、ほぼアスルの礼拝の時刻になって、ある村に近づきました。そこで彼は太陽に向かってこう言いました。

「あなたはアッラーの命ずるままであり、私もまたアッラーの命ずるままである。アッラーよ、私のために太陽をしばらく止めて下さい。」

すると、アッラーが彼に勝利を授けてくださるまでの間、太陽は彼のためにしばらくの間止まっていました。

それから、人々はその戦争で得た戦利品を一カ所に集めました。そして、それを食べ尽くそうと火が近づいてきましたが、火はそれを食べようとしませんでした。（かつて戦利品を神に捧げるため火で焼却したという習慣と関係する。『日訳サヒーフ　ムスリム』第二巻、七八一ページの注参照）

そこで、預言者はこう言いました。

「あなた方の中に戦利品を盗んだ者がいる。すべての部族から一人ずつ、私に忠誠の誓いを立てなさい。」

彼らはみな預言者に忠誠の誓いを立てましたが、その中の一人は、手がくっついて離れませんでした。それを見て預言者はこう言いました。

「あなた方の（部族の）中に戦利品を盗んだ者がいる。あなたの部族はみな私に忠誠の誓いを立てなさい。」

彼らはみな預言者に忠誠の誓いを立てましたが、二、三人の男たちの手がくっついて離れませんでした。そこで預言者はこう言いました。

「あなた方の中に戦利品を盗んだ者がいる。盗んだのはあなた方である。」するると、彼らは牛の頭ほどの金塊を差し出して、地面に置いてある戦利品の中にそれを置きました。すると火が近づいてきて、それを食い尽くしました。

私たち以前には、戦利品（の分配）は誰にも許されていなかったのです。しかし、恩寵深く至高なるアッラーは私たちの弱さと哀れな状態を御覧になり、私たちのために戦利品を合法となされたのでした。》

28 もし彼が「インシャー・アッラー」と言っていたなら

アブー・フライラによれば、アッラーの御使いはこのように語りました。

《預言者スライマーン・ブン・ダーウードはこう言いました。

「私はきっと今夜、一〇〇人の妻、あるいは九九人の妻の間を廻ろう。そうすれば彼女たちはみな一人ずつ、アッラーの道のために闘う騎士を産むことだろう。」

そこでスライマーンの友人は、「インシャー・アッラー（アッラーがお望みならば）、と言いなさい。」と忠告しましたが、彼は「インシャー・アッラー」と言いませんでした。そのため、彼女たちの中の一人しか身籠らず、しかも彼女は欠陥のある不完全な男児を産んだのでした。ムハンマドの魂をその御手にお持ちになる御方にかけて、もしも彼が、「インシャー・アッラー」と言っていたなら、（妻たちはみな子供を産み、その）全員が騎士としてアッラーの道のために闘ったことでしょう。》

29　五つの言葉

アルハーリス・アルアシュアリーによれば、預言者はこのように語りました。

《アッラーはヤフヤー・ブン・ザカリーヤに五つの言葉を授けられ、それらを実行するよう命じられました。そしてイスラエルの民にそれを命じるよう命じられました。ヤフヤーがそれを先延ばしにしていると、イーサーは彼にこう言いました。

「アッラーはあなたに五つの言葉を授けられ、それらを実行するよう命じられました。そして、イスラエルの民にそれを命じるよう命じられました。ですから、あなたが彼らに命じるか、あるいは私が彼らに命じるかどちらかにしましょう。」

すると、ヤフヤーは彼にこのように答えました。

「もしあなたが私に先んじて彼らに命じたならば、私は滅ぼされるか、あるいは懲罰を受けるのではないかと心配です。」

こうしてヤフヤーは人々をエルサレムの聖殿に集めました。するとマスジド（礼拝堂）は人々で一杯になり、丘の上まで人が溢れかえりました。そこでヤフヤーは人々にこのように告げました。

「アッラーは私に五つの言葉を下されて、それらのことを実行するよう命じられました。そして、あなた方にそれを命じるよう命じられました。

最初の命令は、アッラーに仕え、彼に何ものも同位者を配さないことです。アッラーに同位者を配する者は、譬えるならばこのようなものです。すなわち、ある男が金や証文といった私財を抛って奴隷を買い入れ、『これが私の家で、これが私の仕事です。あなたは私に従って働きなさい。』と教えます。しかしその奴隷は主人以外の者に従って働くのです。あなた方の中でこのような奴隷に満足する者がいるでしょうか？

次に、アッラーはあなた方に礼拝を命じられました。それで、あなた方は礼拝をしている時、振り返ったりしてはなりません。礼拝の間に他所を向かないかぎりにおいて、アッラーはその御慈顔をしもべに向けられるのです。

次に、私はあなた方に断食を命じます。断食について譬えて言うなら、麝香の入った袋を持った男が人々の集団の中にいて、人々がみなその香りに惹きつけられるようなものです。断食者の香りはアッラーの許で、まさに麝香よりも芳しい香りなのです。

次に、私はあなた方に施しを命じます。施しを譬えるなら次のようなものです。すなわち、敵がある男を捕らえると、敵兵たちはその手を首のところまで持ち上げて縛り、首打ちのために男を突き出しますが、男はこう言います。

『私は額の多少を問わず身代金を払って自分自身を解放します。』

それで男は身代金を払って自らを解放するのです。

次に、私はあなた方にアッラーをズィクル（想念）するよう命じます。ズィクルについて譬えるならば次のようなものです。すなわち、敵が猛烈な勢いである男を追いかけますが、男は堅固な要塞へたどり着いて敵たちから身を守ります。それと同様、しもべはアッラーを想念することでしか自分の身を悪魔から守ることはできません。」》

それから預言者（ムハンマド）はこのように言いました。

《私はアッラーの命に従って、あなた方に五つのことを命じましょう。それは、（預言者、指導者の命令を）聞くこと、（従順に）従うこと、ジハード（聖戦、あるいはアッラーの道における奮闘努力）、ヒジュラ（マディーナへの移住、あるいは悪行からの逃避）、ジャマーア（集団礼拝、あるいはムスリムの集結）です。本当に、手の平の大きさほどでもムスリム集団から離れた者は、再び戻ってこないかぎり、イスラームの縄を自分の首からはずしてしまった者であり、ジャーヒリーヤ（無明時代）の考えを主張する者は、地獄の集団の仲間です。》

そこである男が、「アッラーの御使いよ、たとえ礼拝をして断食をしてもですか？」と尋ねると、彼はこう言いました。

《たとえ礼拝をして、断食をしてもです。ですからムスリムであり信者であるあなた方をアッラーのしもべと名づけられたアッラーの教えを人々に呼びかけなさい。》

これは、良好で真正な伝承であり、一人の伝承者だけが伝えたハディースです。

30　アーダムとその子孫

アブー・フライラによれば、アッラーの御使いはこのように語りました。

《アッラーがアーダムをお創りになり、魂を吹き込まれると、アーダムはくしゃみをして、「アルハムドゥリッラー（アッラーに栄光あれ）」と言いました。彼はアッラーのお許しにより、主を讃えたのです。そこで主は彼にこのように仰せられました。

「あなたにアッラーの慈悲があるように。アーダムよ、あの天使たちのところへ行きなさい。中には座っている者もいるあの天使たちのところへ赴き、『アッサラーム・アライクム（あなた方に平安がありますように）。』と言いなさい。」

するとと天使たちは彼に向かって、「ワアライクムッサラーム・ワラハマトッラー（あなた方に平安とアッラーのお慈悲がありますように）。」と言いました。それでアーダムが主の許へ戻ると、主はこのように仰せられました。

「これがあなたとあなたの子孫の挨拶である。」

それからアッラーは御自身の両手を固く握られ、「二つのうちの好きな方を選びなさい。」と彼に仰せられました。そこでアーダムはこう言いました。

「私は主の右手を選びますが、主の御手は両方とも祝福された右手です。」

主がその御手を開かれると、中にはアーダムと彼の子孫がいました。

それでアーダムが、「彼らは何ですか？」と尋ねると、アッラーは、「あなたの子孫たちです。」と仰せられました。見ると、そのすべての人間の両目の間にはそれぞれの寿命が書かれており、その中に彼らのうちで最も光り輝く男、あるいは最も光り輝く者たちの中のある男がいました。そこでアーダムが、「主よ、これは誰ですか？」と尋ねると、アッラーはこのように仰せられました。

「これはあなたの子孫のダーウードである。われは彼に四〇年の寿命を定めた。」

するとアーダムは、「主よ、彼の寿命を長くして下さい。」と言いました。そこでアッラーが、「これは私が彼に定めた寿命である。」と仰せられると、彼はこのように言いました。

「主よ、私は自分の寿命の六〇年分を彼に与えたいのですが、いかがでしょうか。」

するとアッラーは、「あなたが望むようにしよう。」と仰せられました。それでアーダムはしばらくの間、楽園に住まわせられ、その後楽園から地上に下ろされました。その間、彼は自分の歳を数えていました。

やがてアーダムの許に死の天使がやって来ると、彼はこう言いました。

「あなたは（来るのが）早すぎます。私には千年の寿命が定められているというのに。」

すると、死の天使は彼にこのように言いました。

「いや、あなたはかつてあなたの子孫ダーウードに六〇年分の寿命を分け与えました。」

しかしアーダムはそれを認めず、彼の子孫もまたそれを認めませんでした。彼は忘却の中にあり、彼の子孫もまた忘却の中にあったのです。そのため、その日から、（約束、契約などを）書き留めることと証人を立てることが命じられたのでした。》

アブー・イーサーはこのように言及しています。

「これは、一人の伝承者が伝えたハディースである。しかし、アブー・フライラに由来して預言者に遡る類似のハディースで、ザイド・ブン・アスラムが伝えたアブー・サーリフ経由のものは複数存在する。」

（以下は別の伝承）

ウマル・ブン・アルハッターブはある時、次の聖句について尋ねられました。

〈あなたがたの主が、アーダムの子孫の腰からかれらの子孫を取り出され、かれらを自らの証人となされた時を思え。(その時かれは仰せられた。)「われは、あなたがたの主ではないか。」かれらは申し上げた。「はい、わたしたちは証言いたします。」これは復活の日にあなたがたに、「わたしたちは、このことを本当に注意しませんでした。」と言わせないためである。(高壁章七・一七二)〉

すると、彼はこのように言いました。

「アッラーの御使いはそれについて尋ねられた時、このように語りました。

《恩寵深く至高なるアッラーはアーダムをお創りになり、それから彼の腰を右手で触られ、そこから子孫を取り出されました。そしてこのように仰せられました。

「われはこれらの者たちを楽園のために創ったのである。それで彼らは楽園の民の行いをなすであろう。」

それからまたアッラーはアーダムの腰を触られ、そこから子孫を取り出されて、このように仰せられました。

「われはこれらの者たちを火獄のために創ったのである。それで彼らは火獄の民の行いをなすであろう。」》

それを聞くと、ある男がこのように尋ねました。

「アッラーの御使いよ、それならば私たちの行いは何のためにあるのでしょうか?」

するとアッラーの御使いはこのように答えました。

《アッラーは楽園のためにしもべをお創りになると、楽園の民の行いによってその者を使われ、彼はやがて楽園の民の行いをして死に、それによって楽園に入ります。また、アッラーは火獄のためにしもべをお創りになると、火獄の民の行いによってその者を使われ、彼はやがて火獄の民の行いをして死に、それによって火獄に入るのです。》

31　ムーサーを害した人々

アブー・フライラによれば、アッラーの御使いはこのように語りました。

《ムーサーは羞恥心が強く慎み深い人だったので、少しでも肌を露にすることはありませんでした。そこでイスラエルの民の中には、このように悪口を言って彼を貶めようとする者たちがいました。「彼があれほど体を隠すのは何か皮膚に欠陥があるからに違いない。らい病とか、陰部の腫れとか、できものとか。」

そこでアッラーはその中傷からムーサーを守り、彼の身の証を立てようとなされました。ある日、ムーサーは人々から離れて一人になり、石の上に服を（脱いで）置いて体を清めました。そして清めが終わって服を取りにいくと、その石は服を乗せたまま動き出したのです。そこでムーサーは裸のまま杖を取りました。その体はアッラーが創られたものの中で最も美しく、人々の噂からこの上なくかけ離れたものでした。

そして石が止まるとムーサーは服をつかんで身につけ、それから杖で石を打ちました。アッラーに誓って言いますが、その石には彼が打った跡が三つか四つ、あるいは五つほども残りました。アッラーのこの御言葉はそのことを示しているのです。

〈信仰する者よ、ムーサーを悩ました者のようであってはならない。だがアッラーはかれらの言った中傷から、かれを清められた。アッラーの御許で、かれは栄誉を与えられていた。〈部族連合章三三・六九〉〉》

32　蟻の巣

アブー・フライラによれば、アッラーの御使いはこのように語りました。

《ある時、一匹の蟻がある預言者を刺しました。それでその預言者は人々に命令を出し、その蟻の巣を焼き払わせました。すると、偉力並びないアッラーは彼に啓示を下され、一匹の蟻があなたを刺したために、あなたはわれわれを讃美するウンマ（共同体）を焼き払ってしまったのだ、と仰せられたのでした。》

33　スライマーンの願い

アブドゥッラー・ブン・アムルによれば、預言者は次のように語りました。

《スライマーン・ブン・ダーウードはバイト・アルマクディス（エルサレム聖殿）の建設が終わると、アッラーに三つのことを願いました。それは、アッラーのお裁きに適合するような正しい判断を持つこと、そして、彼の後には誰も持てないような王権を所有すること、それから、その聖堂を訪れる者はみな礼拝だけのためにやって来て、その人たちはまるで生まれた日のように罪を赦され無辜《むこ》になることでした。》

さらに預言者はこのように言いました。

《最初の二つは与えられましたが、三つ目の願いも是非叶えられるよう私は望みます。》

34　イーサーと泥棒

アブー・フライラによれば、アッラーの御使いはこのように語りました。

《イーサー（彼に平安がありますように）は、ある男が盗みを働くのを見ました。そこで、「あなたは盗みを働いたのですか？」と男に尋ねると、男は、「いいえ、違います。唯一の神であられるアッラーに誓って。」と答えました。するとイーサー（彼に平安がありますように）はこのように言ったのでした。

「私はアッラーを信じ、自分の目を偽りとしよう。」》

35　あなたの御力によって私は戦います

スハイブはこのように伝えています。

フナインの戦いの時、アッラーの御使いはそれまでにない様子で何か呟き、そしてこのように話しました。

《あなた方以前の民に遣わされたある預言者は、自分のウンマ（共同体）を良く思うあまり、「彼らを征するものは何もないだろう。」と言いました。そこで、アッラーは彼らに三つの（懲罰の）うちからどれかを選ぶよう仰せられました。

それはつまり、敵に征圧されて滅びること、または飢餓、あるいは死ぬことでした。すると人々はこのように言いました。

「殺されるのも飢えることも私たちには耐えられません。ですから死をお願いします。」》

さらにアッラーの御使いはこう言いました。

《そして三日のうちに七万人が死んだのです。そのため、私はこのように言います。

「アッラーよ、私はあなたの御力によって奮闘努力し、あなたの御力によって敵を攻め、あなたの御力によって戦います。」》

VI 預言者以外──一六話

36 幼児が話すこと──ジュライジュほか

アブー・フライラによれば、預言者はこのように話しました。

《赤ん坊の時に揺り籠の中で話したのは三人だけで、そのうちの一人はイーサーです。それから（二人目の赤ん坊について言えば）、昔イスラエルの民の中にジュライジュと呼ばれる男がいました。

ある日、ジュライジュが礼拝をしていると、彼の母親がやって来て彼を呼びました。そこで彼は、「母に答えるべきでしょうか、それとも礼拝を続けるべきでしょうか？」と（主に）語りかけました。

しかし母親は（怒って）このように言いました。

「アッラーよ、息子が売春婦の顔を見るまでは、どうか彼に死をお与えになりませんように。」

その後、ジュライジュが修道院にいると、ある女が現れて彼に話しかけました。しかしジュライジュが相手にしないでいると、彼女は羊飼いのところへ行って彼と性的な関係を持ちました。そしてやがて男の子が生まれると、彼女は「これはジュライジュの子です。」と言いました。そこで人々はジュライジュのところへやって来て修道院を壊し、彼を引きずり出して罵声を浴びせかけました。それでジュライジュは浄めを行い、礼拝を捧げ、それからその赤ん坊のところへやって来て、「あなたの父親は誰ですか?」と問いかけました。するとその赤ん坊は彼に、「羊飼いの男です。」と答えたのです。それを聞いて人々はジュライジュにこう言いました。

「私たちはあなたのために黄金の修道院を建てましょう。」

しかしジュライジュは、「いいえ、泥土で造ったもので結構です。」と言ったのでした。

また(三人目の赤ん坊について言えば)、かつてイスラエルの民の女がある時、息子に乳を与えていると、馬に乗り、立派な服装をした男が通りかかりました。それを見て女が、「アッラーよ、私の息子をあの人のようにして下さい。」と言うと、その赤ん坊は母親の乳を放し、その男の方を見て、「アッラーよ、どうか私をあの男のようにしないで下さい。」と言い、再び乳を吸いだしました。》

アブー・フライラはこのように言いました。

「(そう言って)預言者が(赤ん坊のまねをして)自分の指を吸ってみせた様子を、今でも目の前で見るように思い出します。」

《次に、ある女奴隷が通りかかると、先の母親はこう言いました。

「アッラーよ、私の息子をあの女のようにしないで下さい。」

すると、彼女の赤ん坊はまた乳を放してこう言いました。

「アッラーよ、どうか私をあの女のようにして下さい。」

そこで彼女が、「なぜ?」と問いかけると、赤ん坊はこう言ったのでした。

「馬に乗った先の男は暴君です。また人々はあの女奴隷のことを、『盗みを働いた』とか、『姦通した』とか言っていますが、彼女はそのようなことはしていないのです。」》

37　母親と赤ん坊

アブー・フライラによれば、預言者はこのように語りました。

《あなた方以前の民のある女が息子に乳を与えていると、そこに、立派な服を着て尊大な様子をした騎士が通りかかりました。そこで女はこう言いました。

「アッラーよ、いつの日か息子があの騎士のようになってあのような馬に乗った姿を見ることができるまでは、彼を死なせないで下さい。」

すると彼女の赤ん坊は乳を放して、「アッラーよ、どうか私をあの騎士のようにしないで下さい。」と言い、再び乳を飲み始めました。

その後、人々がある黒人女の死体を引きずりながら行き過ぎると、赤ん坊の母親はこう言いました。

「息子があの黒人女のような死にざまで死ぬことがないよう、アッラーに守護を願います。」

すると彼女の赤ん坊はまた乳を放し、「アッラーよ、私をあの黒人女のような死にざまで死なせて下さい。」と言いました。

そこで思わず彼女はこう言いました。

「わが息子よ、私が主に、お前をあの騎士のようにして下さいと願ったのに、お前は、『アッラーよ、私を彼のようにしないで下さい。』と願い、私が、お前をあの黒人女のような死にざまで死なせないで下さいと主に願ったのに、お前は彼女のように死なせて下さるよう主に願うなんて。」

すると彼女の赤ん坊はこのように言ったのでした。

「あなたは私を火獄の民の男のようにしてくれと主に祈りました。また、あの黒人女についてですが、彼女の民は彼女を罵倒して殴りつけ、彼女に不義を働いたのに、彼女はただ、『私にはアッラーがいらっしゃれば十分です。』とくり返すばかりだったのです。」》

38　焼かれて灰になることを望む者

アブー・サイードによれば、預言者は昔の（あるいはあなた方以前の民の）ある男について語りました。その話によれば、アッラーはその男に財産も子孫もお与えになりました。男が死の直前に、「私はお前たちにとってどんな父親だっただろうか？」と息子たちに尋ねると、彼らは男に、「最良の父でした。」と答えました。しかし彼は報いられるような善行を何一つしてこなかったので、アッラーの決定があったならきっと（来世で）懲罰を受けたに違いありません。そこで男はこう言いました。

「お前たち、私が死んだら私の体を焼いて灰にしてくれないか。それで風の強い日にその灰を風にさらしておくれ。」

アッラーの預言者はこのように言いました。

《男は息子たちにそうするよう約束させ、そして主に誓わせました。それから息子たちは実際にそのとおりにして、風の強い日に灰になった彼を風にさらしたのです。しかし偉力並びないアッラーが、「有れ。」と仰せられると、彼は元通りの姿で現れました。そしてアッラーが、「しもべよ、あなたはどうしてあのようなことをしたのか？」と問われると、男は、「あなたへの恐れや畏怖のためでございます。」と答えました。すると、男がその言葉を口にしたとたんに、アッラーは彼に慈悲をかけられたのでした。》

そしてさらに預言者は、《男が口にしたのはただそれだけでした。》と言いました。

それで、私がアブー・オスマーンにそのことを話すと、彼はこのように言いました。

「私は同じ話をサルマーンから聞きましたが、彼は、『灰になった私を海に捨ててくれ。』というような言葉を付け加えました。」

39　罪を犯して赦しを請う者

アブー・フライラによれば、預言者はこのように言いました。

《あるしもべが罪を犯し、このように言いました。

「主よ、私は罪を犯してしまいました。どうか御赦し下さい。」

そこで主はこのように仰せられました。

「わがしもべは、罪を赦し、罪を罰する自分の主が存在するということを知っている。それゆえわれはわがしもべを赦そうではないか。」

それからしばらくして、男はまた罪を犯し、このように言いました。

「主よ、私はまた罪を犯してしまいました。どうか御赦しください。」

そこで主は再びこのように仰せられました。

「わがしもべは、罪を赦し、罪を罰する自分の主が存在するということを知っている。それゆえわれはわがしもべを赦そうではないか。」

それからしばらくすると、男はまた罪を犯し、このように言いました。

「主よ、私はまた罪を犯してしまいました。どうか私を御赦しください。」

すると主はこのように仰せられたのでした。

「わがしもべは、罪を赦し、罪を罰する自分の主が存在するということを知っている。それゆえわれは三度わがしもべを赦そうではないか。彼は好きにするがよい。」》

40 喉の渇きにあえぐ犬

アブー・フライラによれば、アッラーの御使いはこのように語りました。

《ある時、一人の男が激しい喉の渇きに苦しみながら道を歩いていました。しかしやがて井戸を見つけ、男はその中へ下りて行って水を飲みました。井戸から出てみると、一匹の犬が舌を出して苦しげにあえぎ、喉の渇きに耐えかねて、湿った土を食べていました。すると、それを見た男はこのようにつぶやきました。

「この犬も、私がさっきそうだったように、ひどく喉が渇いているのだ。」

そこで男はもう一度井戸の中へ下りて行き、自分の靴を水で満たして口にくわえて上り、犬にその水をやりました。そのため、偉力並びないアッラーは男に感謝なされ、彼の罪を赦されたのでした。》

それを聞くと、人々は御使いにこのように尋ねました。

「アッラーの御使いよ、畜生に対する行いでも私たちに報いがあるのでしょうか?」

すると彼は、《どんな生き物に対する行いにも報いがあるのです。》と答えたのでした。

41 娼婦と犬

アブー・フライラによれば、アッラーの御使いはこのように語りました。

《アッラーはある娼婦の罪を赦されました。彼女がある日、井戸のそばを通りかかると、一匹の犬が舌を出して苦しげにあえぎ、あまりの喉の渇きに死にそうになっていました。そこで彼女は靴を脱いでヒマール（頭を覆う布）に結びつけ、それを井戸に投げ入れて水を汲み上げ、犬に水をやったのです。その行いによって彼女は罪を赦されたのでした。》

42 のこぎり

ハッバーブ・ブン・アルアラットはこのように伝えています。

私たちはアッラーの御使いのところへ行き――その時、彼はカアバの陰で自分のマントを枕にして横たわっていました――、自分たちの苦しさを訴えようとしてこのように言いました。

「あなたは私たちのために助けを求めて下さらないのでしょうか？　私たちのためにアッラーに祈って下さらないのでしょうか？」

すると、彼はこのように言いました。

《あなた方以前の時代にある男がいました。ある時、その男を罰するために穴が掘られ、彼はその中に入れられました。そしてのこぎりを頭上に置かれ、彼の頭はのこぎりで二つに割られました。しかしそれでも彼は自分が信仰する教えを手離しませんでした。するとさらに、鉄の櫛で肉の下の骨や神経まで梳《くしけず》られたのですが、それでも彼は自分の信仰する教えを手離さなかったのです。

アッラーに誓って言いますが、この事（イスラーム伝教）は必ずや成就し、やがてはラクダや馬に乗った旅人が、アッラーと羊を狙う狼の外には何も恐れることなくサナアからハドラマウトまで旅するようになるというのに、あなた方は事を急ぎすぎるのです。》

43　アッラーに試みられた三人の男

アブー・フライラによれば、アッラーの御使いはこのように語りました。

《イスラエルの民の中に、らい病の男と、（皮膚病で）頭が禿げた男と、盲人の三人の男がいました。それで、偉力並びないアッラーは彼らを試みられるために、彼らの許へ一人の天使を遣わされました。その天使はらい病の男のところへ行き、「あなたが一番ほしいものは何ですか？」と尋ねました。するとは彼は、「きれいな顔色ときれいな皮膚です。人々は私のことを汚がって嫌うのです。」と答えました。そこで天使が彼の体を撫でると、らい病は消え去り、彼にきれいな顔色ときれいな皮膚が与えられました。

さらに天使は男に、「あなたが一番ほしい財産は何ですか？」と尋ねました。そこで男は、「ラクダです。」と答えました。（御使いは、「牛です。」と言ったかもしれません。いずれにせよ、らい病の男と禿げ頭の男のどちらかが「ラクダ」と言い、どちらかが「牛」と言いました。）

すると、孕んで一〇カ月目で出産直前の雌ラクダが一頭、男に与えられました。そして天使は彼に、「アッラーがこのラクダであなたを祝福なさいますように。」と言いました。

次に天使は（皮膚病で）頭が禿げた男のところへ行き、「あなたが一番ほしいものは何ですか？」と尋ねました。すると男はこのように答えました。

「きれいな髪です。私はこの禿げが消えてなくなればいいと願います。人々はこの禿げを汚がって私のことを嫌うのです。」

そこで天使が彼の体を撫でると彼の皮膚病は消え去って、きれいな髪が与えられました。

さらに天使は男に、「あなたが一番ほしい財産は何ですか？」尋ねました。そこで男が、「牛です。」と答えると、男は孕んだ雌牛を一頭与えられました。そして天使は彼に、「アッラーがこの雌牛によってあなたを祝福なさいますように。」と言いました。

次に天使は盲目の男のところへ行き、「あなたが一番ほしいものは何ですか？」と尋ねました。すると、男はこのように答えました。

「アッラーが私に視力を戻して下さり、人々を見ることができるようになることです。」

そこで天使が彼の体を撫でると、アッラーは男に視力を戻されました。

さらに天使が男に、「あなたが一番ほしい財産は何ですか?」と尋ねると、彼は、「羊です。」と答えました。すると天使は彼に一頭の孕んだ雌羊を与えました。

やがて先のラクダと牛は仔を産み、盲目の男の羊もまた仔を産みました。それで、あちこちの谷がラクダと牛と羊の群れで一杯になりました。

その後、天使はかつてらい病だった男のところへ、かつての男の姿でやって来て、このように言いました。

「私は貧しい者です。旅の途中で食糧も尽きてしまいました。ですから、アッラーのお助けがなければ、そしてあなたのお助けがなければもうどうにもなりません。あなたにきれいな顔色ときれいな皮膚、それと資産をお与えになった御方の御名によって、旅用のラクダを一頭私にいただけないでしょうか。」

しかし男は、「私にはしなければならないことがたくさんあるのだ。」と言いました。そこで天使は彼にこう言いました。

「どうも私はあなたを知っているように思います。あなたはかつてらい病を患い、人々に嫌がられていたのではありませんか? そして貧しかったあなたに、アッラーは財産をお与えになったのではありませんか?」

しかし男は、「私の富は先祖代々受け継いできたものだ。」と言いました。そこで天使はこのように言いました。

「もしもあなたが嘘をついているならば、アッラーがあなたを元の状態に戻されることでしょう。」

次に天使は、かつて禿げ頭だった男のところへ、かつての彼の姿でやって来ました。そして先の男に言ったように言うと、男は先の男と同じように応じました。そこで天使はこう言いました。

「もしもあなたが嘘をついているならば、アッラーがあなたを元の状態に戻されることでしょう。」

次に天使は、かつて盲目だった男のところへ、かつての彼の姿でやって来て、このように言いました。

「私は貧しい旅の者です。旅の途中で食糧も尽きてしまい、アッラーのお助けがなければ、そしてあなたのお助けがなければ、もうどうにもなりません。あなたに視力を戻された御方の御名によって、旅用の羊を一頭いただけないでしょうか。」

そこで男はこのように言いました。

「私はかつて盲人だったのですが、アッラーが視力を戻して下さいました。また私はかつて貧乏人でしたが、アッラーが私を富ませて下さいました。ですからあなたが好きなだけお取りなさい。アッラーに誓って、あなたがアッラーの御名によって持っていくものに対し、私は今日少しも物惜しみしません。」

すると天使はこう言いました。

「あなたの財産を大事にしておきなさい。あなたがたはアッラーに試みられただけなのです。アッラーはあなたに満足なさり、あなたの二人の友人についてはお怒りになりました。」》

44　洞窟と岩

イブン・ウマルによれば、アッラーの御使いはこのように語りました。

《あなた方以前の民の中に、ある三人の男がいました。ある時、雨に見舞われて彼らが洞窟へと逃げ込むと、洞窟の入り口は（落ちてきた岩で）塞がれてしまいました。そこで彼らはこのように話し合いました。

「アッラーに誓って言いますが、純粋にアッラーのお喜びだけを願って行った善行による他は、ここから救われる道はないでしょう。ですから、それぞれがかつて行ったそのような善行によって祈りましょう。」

そこで彼らの一人はアッラーにこのように語りかけました。

「アッラーよ、かつて私のところにある使用人がおりました。彼は米一ファラクの報酬で働きましたが、やがて報酬を置いて立ち去ってしまいました。

そこで私はその米を播《ま》き、それによって得た収入で牛を買いました。

やがてその使用人が私の許へ戻ってきてかつての報酬を求めたので、私は彼に、『あの牛を連れて行きなさい。』と言いました。

すると彼は、『私の報酬は米一ファラクです。』と言いましたが、私はこう言いました。

『その牛を連れて行きなさい。その牛はあの米で得たものなのです。』

こうして彼は牛を連れて行きました。ですから、私があなたへの畏怖の気持ちからそのようにしたのだと、もしもあなたが御存知であるならば、どうか私たちを解放し、私たちのためにこの洞窟の出口を開けて下さい。」

するると、洞窟を塞いでいる岩は少し開きました。

二人目の男はアッラーにこのように語りかけました。

「アッラーよ、私には年老いた両親がおりました。私は毎晩、羊のミルクを彼らに届けていたのですが、ある晩、帰りが遅れて夜になってから両親の許へ帰ってくると、彼らはもう眠っていました。その時、妻や子供たちは空腹を訴えていましたが、私はいつも両親が飲んでしまうまでは彼らにミルクを与えることはなかったのです。私は両親を起こすには忍びなく、かといって彼らにミルクを飲ませないまま放っておきたくもなかったので、ファジュル（暁）までそのまま待ったのです。私があなたへの畏怖の気持ちからそのようにしたのだと、もしもあなたが御存知ならば、どうか私たちを解放し、洞窟の出口を私たちのために開けて下さい。」

すると、洞窟を塞いでいる岩がまた少し開き、そこから空が見えるまでになりました。

次に最後の男がアッラーにこのように語りかけました。

「私には一人従姉妹がおりました。彼女は私が最も愛しく思う者の一人でした。私は彼女の意に反して彼女を自分のものにしたいと思ったのですが、一〇〇ディナールくれないかぎりは駄目だと彼女は言いました。

そこで私は金を工面し、彼女のところへ行って金を渡しました。そして彼女を手に入れ、いよいよ関係を持とうとすると、彼女は私にこう言いました。

『アッラーを恐れなさい。アッラーに許された権利（結婚契約）なしに、（私の処女の）封印を解いてはなりません。』

それを聞いて私は立ち上がり、一〇〇ディナールを置いて立ち去りました。

私があなたへの畏怖の気持ちからそのようにしたのだと、もしもあなたが御存知ならば、どうか私たちを解放し、洞窟の出口を私たちのために開けて下さい。」

すると、アッラーは洞窟の出口を開かれ、彼らは解放されてそこから出ることができたのでした。》

45　金の入った壺

アブー・フライラによれば、アッラーの御使いはこのように語りました。

《一人の男がある男から土地を買いました。すると買った男はその土地から金の入った陶器の壺を見つけました。そこで彼は土地を売った男にこう言いました。

「あなたの金を受け取りなさい。私はあなたから土地を買ったのであって、金を買ったのではありません。」

しかし土地を売った男は、「私はあの土地をそこにあるものごと売ったのです。」と言いました。

そこで彼らは第三の男にこの件の決着を委ねました。

すると、この件を委ねられた男は二人に、「あなた方には子供がありますか？」と尋ねました。それで一方の男が、「私には男の子があります。」と言うと、他方の男は、「私には女の子があります。」と言いました。そこで第三の男はこのように言ったのでした。

「その男の子と女の子を結婚させなさい。そしてその金をあなた方二人のために費やし、またその一部を施しなさい。」》

46　一〇〇人殺した男

アブー・サイード・アルフドゥリーによれば、アッラーの預言者はこのように語りました。
《あなた方以前の民の中に、九九人の人間を殺した男がいました。男はその地で最も知識のある人物がどこにいるか尋ね、ある修道士を示されました。そこで男はその修道士のところへ行き、自分は九九人の人間を殺したのだが、（アッラーの許で）自分の悔悟は受け入れられるだろうか、と尋ねました。しかし修道士は、「いいえ。」と答えたので、男はその修道士も殺し、それで男が殺した人数は一〇〇人になりました。

それから、男は再びその地で最も知識のある人物について尋ね、今度はある学者を示されました。そこで男は彼に、自分は一〇〇人の人間を殺したのだが、（アッラーの許で）自分の悔悟は受け入れられるだろうか、と尋ねました。するとその学者はこのように言いました。

「はい。あなたと悔悟の間を邪魔するものは何もありません。あなたは、〇〇の地へ向かいなさい。あそこにはアッラーに仕える人々がいますから、彼らと一緒にアッラーに仕え、決してあなたの土地に戻ってはなりません。そこはあなたにとって良くない土地なのです。」

それを聞くと男は旅立ったのですが、旅の半ばで死んでしまいました。そのため、慈悲の天使たちと懲罰の天使たちは（どちらが彼を受け入れるかで）意見が対立しました。慈悲の天使たちは、「彼はアッラーに赦しを請う悔悟者としてここまでやって来たのです。」と言い、懲罰の天使は、「彼は何も善いことを行いませんでした。」と言いました。

するとそこに、彼らの問題を解決するために人間の姿をした別の天使がやってきて、このように指示しました。

「彼がどちらの土地により近かったか距離を測りなさい。近かったほうに彼は属するのです。」

そこで天使たちが距離を計ると、彼は目指していた土地により近づいていたのがわかりました。それで、慈悲の天使たちが彼を受け入れることになったのでした。》

カターダは、アルハサンが語った話として、このように伝えています。

《男は死が迫った時、胸を地につけて這いずりながら、少しでも目的地に近づこうとしました。》

47　痛みに耐えかねて自殺した男

ジュンダブ・ブン・アブドゥッラーはこのマスジドで私たちにこのハディースを語りました。それで、私たちはそれ以来ずっとこのハディースを忘れていませんし、ジュンダブが預言者について偽りを語ったのではないかという懸念もしていません。彼によれば、アッラーの御使いはこのように語りました。

《あなた方以前の民の中に、傷を負った一人の男がいました。彼は痛みに耐えかねてナイフを取り出し、手を切り落としました。それで血がどんどんと流れ出て、とうとう男は死にました。すると至高なるアッラーはこのように仰せられました。

「このしもべは定められた寿命を自分で早めたので、われは彼に楽園を禁じる。」》

48　困窮者に猶予を与える者

アブー・フライラによれば、預言者はこのように語りました。

《この世で何一つ善行をなさなかった男がいました。ただ、彼は人々に金を貸していたのですが、（取立て役の）使いの者にこのように言いました。

「彼らが容易に返済できるものを取り立て、返済が困難なものは放置し、大目に見てやりなさい。そうすればアッラーは私たちの罪を大目に見て下さるかもしれない。」

それで、その男が死ぬと、偉力並びないアッラーはこのように問われました。

「あなたは何か一つでも善行をしましたか?」

そこで、彼はこのように答えました。

「いいえ。ただ、私のところにはかつて使いの少年がおり、私は人々に金を貸していました。それで、私はその少年を取立てに送り出す際、このように言いました。

『彼らが容易に返済できるものを取り立て、返済が困難なものは放置し、大目に見てやりなさい。そうすればアッラーは私たちの罪を大目に見て下さるかもしれない。』」

すると偉力並びないアッラーは、「それでは、われはあなたを赦そう。」と仰せられたのでした。》

49　金を借りた男

アブー・フライラによれば、アッラーの御使いはイスラエルの民のある男について次のような話をしました。

ある時、彼は仲間の男に一〇〇〇ディナール貸してくれるよう頼みました。するとその男は、「それでは、（その貸し借りの内容の）証を立ててくれる証人たちを連れて来なさい。」と言いました。そこで彼は、「アッラーこそ証人として充分な御方です。」と言いました。するとその男はさらに、「それでは、保証人を連れて来なさい。」と言いました。そこで彼が、「アッラーこそ保証人として充分な御方です。」と言うと、その男は、「あなたの言うとおりです。」と言い、一定の期限をつけて相手に金を貸しました。

こうして彼は海を渡り、商売を済ませました。それで、約束の期限までに戻ろうとして帰りの船を探したのですが、船は見つかりません。そこで男は丸木を拾ってそれに穴を開け、そこに一〇〇〇ディナールと金を貸してくれた男に宛てた手紙を入れて穴を塞ぎました。それからその丸木を抱えて海辺へ行き、このように言いました。

「アッラーよ、あなたも御存知のとおり、私が某に一〇〇〇ディナール借りようとした時、彼は私に保証人を求めましたが、アッラーこそ保証人として充分な御方だと言うと、彼はあなた（アッラー）を受け入れました。それから再び彼が証人を求めた時にも、アッラーこそ証人として充分な御方だと言うと、彼はそれを受け入れてくれたのです。私は借りた金を送り返そうと思って船を探したのですが、どうしても見つかりません。ですから、私はあなたにこの金を託します。」

こうして男が丸木を海に投げ込むと、やがてそれは沖へと流されていきました。男はなおも故郷へ戻る船を探してその場を離れました。

その頃、金を貸した男は自分の金を乗せた船がそろそろ着くのではないかと思って海岸へと出かけてみました。するとそこに先の丸木が流れ着いたのです。そこで、彼はそれを家で使う薪にしようと思って持ち帰りました。そして薪を割ってみると、中に金と手紙が入っていたのでした。

その後、旅から戻った男は金を貸してくれた男のところへ一〇〇〇ディナールを携えてやって来て、このように言いました。

「アッラーに誓って言います。私は借りた金を持ってあなたのところへ駆けつけようと思ってずっと船を探していたのですが、どうしても見つからず、帰りがこんなに遅れてしまいました。」

そこで金を貸した男が、「あなたは私に何か送ったでしょうか？」と尋ねたのですが、男はやはりこう言いました。

「私はずっと船を探していたのですが、どうしても見つからず、帰りがこんなに遅れてしまったのです。」

それで、金を貸した男は彼にこう言いました。

「あなたが丸木の中に入れて送ってくれた金は、あなたに代わってアッラーがちゃんと返済して下さったのですよ。ですからこの一〇〇〇ディナールはそのまま持って帰りなさい。」

50　火の溝と信仰

スハイブによれば、アッラーの御使いはこのように語りました。

《あなた方以前の民に一人の王がおり、宮廷魔術師を抱えていました。しかしその魔術師は老齢になり、王にこのように言いました。

「私はもう年を取りました。ですから少年を一人よこして下さい。私が魔術を伝授しましょう。」

そこで王は魔術師の許にある少年を送り込み、彼に魔術を習わせることにしました。少年が魔術師の許へ行く途中の道には一人の修道士がいました。それで、少年は修道士のそばへ行って彼の話を聞き、感銘を受けました。それから、少年は魔術師のところへ行く時には必ずその修道士のところへ寄り、話を聞くようになったのです。

そのため、（少年は魔術師の許へ行くのが遅れるようになり、）魔術師は怒って少年を打ちました。それで、少年がそのことを悩んで修道士に訴えると、修道士はこのように言いました。

「魔術師が怒るのを恐れるなら、家族が私を引きとめたために遅れたのです、と言いなさい。また家族に叱られるのを恐れるなら、魔術師が私を引きとめたために遅れたのです、と言いなさい。」

そんなある日、ある巨大な野獣が現れ、人々の往来を妨げました。それを見た少年はこのようにつぶやきました。

「今日こそ、魔術師がより秀でているのか、修道士がより秀でているのか、知ることができる。」

そこで、彼は石を拾ってこのように言いました。

「アッラーよ、もしもあなたが魔術師の行いよりも修道士の行いを好まれるのならば、人々が道を往来できるようにこの手であの野獣を仕留めさせて下さい。」

そして少年は石を投げてその野獣を仕留め、人々は自由に道を往来できるようになりました。

それから少年は修道士の許へ行き、事の顛末を報告しました。すると、修道士は彼にこのように告げました。

「少年よ、今日あなたは私よりも優れた者となりました。私もあなたのした事を目にしたのです。今、あなたが試練を受ける時が来ました。それで、もし試練を受けることになっても、私のことを明かしてはなりません。」

その後、少年は盲人やらい病者を癒し、人々のその他の病も回復させました。

ある時、王の盲目の侍従が少年の噂を聞きつけました。そこで彼は贈り物をたくさん持って少年の許を訪れ、「もし私を治してくれたなら、これはみなあなたに差し上げます。」と言いました。すると少年は王の侍従にこのように告げました。

「私自身は誰一人治せません。治して下さるのはアッラーなのです。ですからあなたがアッラーを信仰するのなら、あなたを治して下さるように私はアッラーに祈願しましょう。」

それで侍従はアッラーを信仰することになり、アッラーは彼の病を治されました。その後、彼は王の許へ行き、いつものように王のそばに座りました。

するとそれを見た王は、「誰がお前の視力を戻したのか？」と彼に尋ねました。そこで侍従が、「私の主です。」と答えると、「お前には私以外の主がいると言うのか？」と王は問いただしました。

それで侍従は、「私の主もあなたの主もアッラーです。」と答えたのです。すると王は侍従を捕らえて拷問し、やがて彼は少年のことを明かしました。

少年が連れてこられると、王は少年にこのように言いました。

「少年よ！　お前の魔術は盲人やらい病患者を治すまでになり、またしかじかのことをなすまでになったと聞いている。」

そこで少年はこう言いました。

「私には誰も治せません。治して下さるのはアッラーなのです。」

すると王は少年を捕らえて拷問し、やがて彼は修道士のことを明かしました。

それで修道士が連れてこられました。王は修道士に、「お前の宗教を捨てよ。」と命じましたが、彼はそれを拒みました。そのため、王はのこぎりを持ってこさせてそれを彼の頭の真ん中に当て、胴体まで切り裂いて倒しました。

次に王の侍従が連れてこられました。王は侍従に、「お前の宗教を捨てよ。」と命じましたが、彼はそれを拒みました。そのため、王はのこぎりを持ってこさせてそれを彼の頭の真ん中に当て、そこから胴体まで切り裂いて倒しました。

次に少年が連れてこられました。王は少年に、「お前の宗教を捨てよ。」と命じましたが、彼はそれを拒みました。そこで、王は少年を家来たちの一団に引き渡し、このように命じました。

「彼を連れて行ってしかじかの山に登れ。そして頂上に着いたら、彼に自分の宗教を捨てるよう命ぜよ。もし彼がそれに応じなければ、そこから投げ落としてしまうがよい。」

家来たちは少年を連れて山に登りました。そこで少年はこう言いました。

「アッラーよ、あなたがお望みならば、どうか彼らから私をお守り下さい。」

すると山は揺れ、家来たちはみな山から落ちてしまいました。少年は救われ、歩いて王の許へ戻りました。

少年を目にした王が、「お前と一緒に行った者たちはどうしたのだ?」と問うと、少年は、「アッラーが彼らから私を救って下さいました。」と答えました。

それで、王はまた家来たちの一団に少年を引き渡し、今度はこのように命じました。

「彼を連れて行って舟に乗せよ。そして海の真ん中に着いたら、彼に自分の宗教を捨てるよう命ぜよ。もしも彼がそれを拒んだならば、海へ投げ込んでしまうがよい。」

そのため、家来たちは少年を連れて行きました。そこで少年はまたこう言いました。

「アッラーよ、あなたがお望みならば、私を彼らからお守り下さい。」

すると舟は傾き、王の家来たちはみな海に落ちて溺れてしまいました。少年は救われ、また歩いて王の許へ戻りました。

少年を目にした王は、「お前と一緒に行った者たちはどうしたのだ?」と問いました。すると少年は、「アッラーが彼らから私を救って下さいました。」と答え、さらにこのように告げたのです。

「私が命ずるとおりにしないかぎり、あなたには私を殺すことはできません。」

そこで王が、「それは何か?」と問うと、少年はこのように答えました。

「あなたは人々を一つの台地に集め、その後で私を木の幹に吊るしなさい。それから私の矢立から矢を一本取り出して弓の真ん中に添えなさい。そして、『少年の主、アッラーの御名によって』と唱えてから矢を放ちなさい。そのようにしたならば、あなたは私を殺すことができるでしょう。」

そこで、王は人々を一つの台地へ集めてから少年を木の幹にしばりつけました。それから少年の矢立から矢を一本取り出し、弓の真ん中に添えてから、「少年の主、アッラーの御名によって」と言って、矢を放ちました。すると矢は少年のこめかみに当たり、少年はこめかみに手を当てながら死にました。

すると、それを見ていた人々はみなこのように言いました。

「私たちは少年の主を信じます！　私たちは少年の主を信じます！　私たちは少年の主を信じます！」

それで、家来たちは王の許へ来てこのように言いました。

「あなたが警戒していたことがどうなったか御覧になりましたか？　アッラーに誓って言いますが、あなたが警戒していたことが起こり、人々は主を信仰しているのです。」

そこで王は道路の出口に溝を作るように命じました。そして溝が掘られると、その中に火がつけられました。それから王はこのように命じました。

「少年と同じ信仰を捨てない者はみな火中に投げ込め。（あるいは飛び込め。）」

すると人々はみな火の中に飛び込びました。子連れのある女は火中に飛び込むのを躊躇《ためら》っていたのですが、子供は彼女に、「母よ！　試練に耐えなさい。あなたは正しいのです。」と言ったのでした。》

51　雲からの声

アブー・フライラによれば、預言者はこのように語りました。

《ある男が荒地にいると、雲の間から、「某の庭園に水を与えよ。」という声が聞こえてきました。するとその雲は動きを変え、ある石ころの多い土地の上に雨を降らせ、そこの土地の水路の一つを降水で満たしました。

それを見て男がその水路に沿って進んでいくと、一人の男が自分の庭園で手に鍬を持って水の流れを調整する仕事をしていました。そこで彼が男に「アッラーのしもべよ、あなたの名前は何ですか?」と尋ねると、男は「某です。」と、先ほど雲の中から聞こえた名前を告げました。

すると今度は庭園の主のほうが、「アッラーのしもべよ、あなたはどうして私の名を尋ねるのですか?」と聞いたので、彼はこのように答えました。

「実は先ほどこの雨を降らせた雲の間から、『某の庭園に水を与えよ。』という声が聞こえたのですが、それはあなたの名前でした。このアッラーからの恩恵に対し、あなたはどうなさるおつもりですか?」

すると、男はこのように答えました。

「あなたがそうおっしゃるのなら、私はここから収穫するものを見てから、その三分の一を喜捨し、三分の一を私と家族とで食べ、そして三分の一は大地に返して次の収穫の種に使おうと思います。」》

52　施しをする男

アブー・フライラによれば、預言者はこのように話しました。

《ある時一人の男が、「今夜私は必ず施しを行おう。」と言いました。そして施しの金を持って出かけ、(それと知らずに) 姦婦に施しをしてしまいました。

すると翌朝人々は、「ゆうべは姦婦が施しを受けたそうだ。」と口々に話しました。そこで、男はこう言いました。

「アッラーよ、姦婦に施しをしてしまいましたが、あなたにこそ称賛がありますように。それでは再び施しをしよう。」

男はまた施しの金を持って出かけ、こんどは (それと知らずに) 富める者に施しをしてしまいました。すると翌朝人々は、「金持ちが施しを受けたそうだ。」と口々に話しました。そこで男はこう言いました。

「アッラーよ、富める者に施しをしてしまいましたが、あなたにこそ称賛がありますように。それでは再び施しをしよう。」

男は再度施しの金を持って出かけ、こんどは (それと知らずに) 盗人に施しをしてしまいました。

すると翌朝人々は、「盗人が施しを受けたそうだ。」と口々に話しました。そこで男はこう言いました。

「アッラーよ、姦婦と金持ちと盗人に施しをしてしまいましたが、あなたにこそ称賛がありますように。」

するとそこに天使がやって来て、男にこのように告げました。

「あなたの施しは（アッラーの許で）受け入れられました。あの姦婦は、きっとあなたの施しによって姦通の罪から身を守ることでしょう。またあの金持ちの男はきっとあなたの施しに教えられ、アッラーに与えられた恵みの中から、アッラーの道のために財を費やすことでしょう。またあの盗人は、きっとあなたの施しによって盗みの罪から身を守ることでしょう。」》

53　イスラエルの不信心な者たち

アブドゥッラー・ブン・マスウードによれば、アッラーの御使いはこのように語りました。

《イスラエルの子孫たちがアッラーの教えに背いた時、学者たちはそれを禁じましたが、彼らはやめませんでした。すると学者たちは彼らの集会に同席し、彼らと共に飲み食いをしました。そこでアッラーは学者たちの心をその人々と混ぜ合わされたのです。彼らは法を越えたがゆえに、ダーウードやマルヤムの子イーサーの舌で彼らを呪われたのでした。》（注：食卓章五・七八「イスラエルの子孫の中、不信心な者は、ダーウードやマルヤムの子イーサーの舌で呪われた。それはかれらが従わないで、法を越えたためである。」）

それからアッラーの御使いは凭れて座り、このように言いました。

《私の魂をその御手にお持ちになる御方にかけて、そのような者たちを正道へ向かわせないかぎり（あなた方は正しくありません）。》

54　罪人と召使

ダムダム・ブン・ジャウス・アルヤマーミーはこのように伝えています。

アブー・フライラはある時、私にこのように言いました。

「ヤマーミーよ、あなたはどんな男に対しても、『アッラーに誓って言うが、アッラーはあなたを決して赦されない。』とか、『アッラーはあなたを決して楽園に入れられない。』と言ってはなりません。」

そこで私は彼にこのように言いました。

「アブー・フライラよ、私たちのうちの誰でも、怒った時には兄弟や友人に対してその言葉を口にします。」

すると彼はこのように話しました。

「そのような言葉を口にしてはなりません。私は預言者がこのように語るのを聞いたのです。

《かつてイスラエルの民の中にある二人の男がいました。そのうちの一人は勤勉にアッラーに仕える者で、もう一人はアッラーの法を越える者でしたが、二人は兄弟のような関係でした。勤勉な男は友人が罪から遠ざかろうとしないのを見咎め、「友よ、止めなさい。」と言いました。しかし彼の友はこのように言いました。

「私のことは主に任せておきなさい。あなたは私の監視役として遣わされたのであろうか?」

そんなある日、勤勉な男は、友人が彼から見て大罪と思われる罪を犯すのを見て、彼にこのように言いました。

「あなたに災いあれ。そんなことは止めなさい。」

しかし友人はまたこのように言いました。

「私のことは主に任せておきなさい。あなたは私の監視役として遣わされたのであろうか？」

そこで男は思わず友人にこう言ったのです。

「アッラーに誓って言うが、アッラーはあなたを決して御赦しにならないし、あなたを楽園には入れられないだろう。」

それからアッラーは二人の許へ天使を遣わされ、彼らの魂は天に召されました。やがて天上で二人が召集されると、主は罪を犯していた男に対して、このように仰せられました。

「行きなさい。そしてわれの慈悲によって楽園に入りなさい。」

しかし、アッラーはもう一人の男に向かってこのように仰せられたのです。

「あなたはわれについて充分に知っていたのか？　あなたはわれが手にしているもの（限りない慈悲や恩恵）について充分に知っていたのか？　（そして天使たちに向かって）彼を連れて火獄へ行きなさい。」

アブー・アルカースィム（預言者ムハンマドの呼び名）の魂をその御手にお持ちになる御方にかけて言いますが、その者は自分の現世と来世を滅ぼす言葉を口にしてしまったのでした。》

55　フィルアウンの娘の下女

イブン・アッバースによれば、アッラーの御使いはこのように語りました。

《夜の旅の奇跡を体験した時、私は何か芳しい香りを感じました。それで、「ジブリールよ、この芳しい香りは何ですか?」と尋ねると、ジブリールは、「これはフィルアウンの娘の髪をくしけずる下女とその子供たちの香りです。」と言いました。そこで、「その下女は何をしたのですか?」と尋ねると、ジブリールはこのように話しました。

「ある日、その下女はフィルアウンの娘の髪をくしけずっていました。その時、櫛が手から落ちたので、彼女は、『ビスミッラー（アッラーの御名において）』とつぶやきました。それを耳にしたフィルアウンの娘は、『それは父上のことか?』と尋ねました。しかし下女は、『いいえ。それは私の主であり、あなたのお父様の主でもある、アッラーです。』と答えたのです。そこでフィルアウンの娘は、『父上にそのこと告げようか?』と言い、下女は、『はい。』と言いました。それでフィルアウンの娘が父にそのことを告げると、彼はその下女を呼び出しました。

下女がやってくると、フィルアウンはこう問いかけました。

『某よ、お前には私以外の主がいるというのか?』

そこで彼女は、『はい。私の主もあなたの主もアッラーです。』と答えました。

するとフィルアウンは銅の大釜を持ってこさせました。そして（その中で湯、または油が）熱せられると、そこに彼女と彼女の子供たちを投げ入れるよう命じたのです。

それで下女はフィルアウンに、『ひとつお願いがあります。』と言いました。

そこでフィルアウンが、『願いとは何だ?』と問うと、彼女は、『私と子供の骨を一緒に一枚の布に入れて埋めてほしいのです。』と言いました。それを聞いたフィルアウンは、『そうしてやろう。』と言いました。

そして、フィルアウンはまず子供たちを大釜に投げ入れるよう命じ、家来たちは彼女の目の前で子供たちを一人ずつ投げ入れました。それで、まだ乳飲み子の男児の番が来ると、彼女はその子のために躊躇うように見えましたが、その子は母にこう言ったのです。

『母よ、飛び込みなさい。現世での懲罰は来世での懲罰よりも軽いのです。』

それを聞いて、彼女は大釜に飛び込んだのでした。」》

イブン・アッバースはこのように語りました。

「次の四人の子供たちは赤ん坊のうちに話しました。それは、マルヤムの子イーサー、ジュライジュの物語の男児、ユースフの物語の男児、そしてフィルアウンの娘の下女の男児です。」

56 信仰を通じた友愛

アブー・フライラによれば、アッラーの御使いはこのように語りました。

《ある男が別の村に住む（信仰上の）兄弟を訪ねました。そこで偉力並びないアッラーは、彼が行く道に一人の天使を遣わしました。

天使は男が通りかかると、「あなたはどこへ行くのですか？」と尋ねました。男が、「某のところです。」と答えると、天使はまた「彼はあなたの親類なのですか？」と尋ねました。それで男が、「いいえ。」と答えると今度は、「それでは、彼はあなたに何か良いことをしてくれるからですか？」と尋ねました。しかし男はやはり、「いいえ。」と答えました。そこで天使が、「それではなぜ彼のところへ行くのですか?」と尋ねると、男はこのように答えたのです。

「私は、偉力並びないアッラーゆえに彼を愛しているからです。」

すると、天使は彼にこのように告げたのでした。

「私はアッラーからあなたの許に遣わされた使徒です。アッラーゆえのあなたの(信仰上の)兄弟への愛により、偉力並びないアッラーはあなたを好ましくお思いです。」》

57 クルスフと女

アブー・ザッルはこのように伝えています。

ある日、ウカーフ・ブン・ビシュル・アッタミーミーという男がアッラーの御使いの許へやって来ました。そこで預言者が、《ウカーフよ、あなたには妻がいますか?》と尋ねると、彼は、「いいえ。」と答えました。それで預言者がさらに、《女奴隷も所有していないのですか?》と尋ねると、彼は、「女奴隷もいません。」と答えました。そして次に預言者が、《あなたは富に恵まれていますか?》と聞くと、彼は、「はい、恵まれています。」と答えました。

すると、預言者はこのように言いました。

《それならあなたは悪魔の仲間であり、キリスト教徒ならあなたは修道士です。結婚は私たちのスンナ(推奨される慣習)なのです。あなた方のうちの悪い者は独身者で、あなた方の死者のうちで最も悪い者も独身者です。あなた方は悪魔の害を被るつもりなのですか? 既婚者を別にすれば、善良な者たちに対して悪魔が所有する武器のうち、女性ほど強力なものはありません。既婚者は醜行から清く守られます。ウカーフよ、あなたに災いあれ。女性はかつて、アイユーブやダーウードやユースフやクルスフをも苦しめたのですよ。》

その時、ビシュル・ブン・アティーヤが、「クルスフとは誰ですか？　アッラーの御使いよ。」と尋ねました。

すると御使いはこのように話しました。

《クルスフはかつてある海岸に住み、三〇〇年もアッラーに仕えたしもべです。彼は昼間は断食を行い、夜は礼拝に立つ者でした。しかしやがて彼は、自分が熱愛する一人の女のために偉大なるアッラーを否定し、自分に課せられた偉力並びないアッラーへのイバーダ（信仰行為）を放棄してしまったのです。しかし彼はその後、それらの信仰行為の一部を果たしてアッラーに悔悟して帰り、アッラーは彼の悔悟を受け入れられました。あなたに災いあれ、ウカーフよ。妻を娶りなさい。そうでなければあなたは迷いの徒になることでしょう。》

そこでウカーフが、「私を結婚させてください、アッラーの御使いよ。」と言うと、彼はこのように言いました。

《それでは、あなたをカリーマ・ビント・クルスーム・アルフマイリーと結婚させましょう。》

58　酒売りと猿

アブー・フライラによれば、預言者はこのように語りました。

すなわち、昔一匹の猿を連れたある男が船の中で酒を売っていました。その男は酒に水を混ぜて人々を欺いていました。するとある日、猿は男の袋をつかんで船上へ昇りました。そして袋を開け、そこから一ディナール取り出しては船の上に放り投げ、また一ディナール取り出しては海へと放り投げ、そのように金を半分に分けたのでした。

59 尊大な男

アブー・フライラによれば、預言者はこのように語りました。

《ある男が己の髪の毛や外衣を自慢して歩いている間に、その者もろともに大地は沈んでしまいました。彼は復活の日まで、ずるずると地中深く沈みつづけるのです。》

60 棘のある枝を道から取り除くこと

アブー・フライラによれば、アッラーの御使いはこのように語りました。

《ある男は道を歩いていて茨の枝が落ちているのを見つけました。それで彼がそれを取り除くと、アッラーは彼に感謝なされ、彼の罪を御赦しになりました。》

ムスリムは彼が伝える二つの伝承のうちの一つの中で、次の部分を付け加えています。

「それから彼はこのように言いました。

《殉教者は次の五種類の人々です。つまり、疫病で亡くなる者、激しい下痢の病で亡くなる者、溺死する者、破壊物の下敷きになって亡くなる者、そして偉力並びないアッラーの道での殉教者です。》」

また、マーリクは『アル・ムワッタゥ』（伝承集）の中で次の部分を加えています。

「それから彼はこのように言いました。

《もしも人々がアザーン（礼拝への呼びかけ）と（礼拝における）最前列の徳を知っており、それを得るためにくじを引くしかなかったとしたら、彼らはきっとそのためにくじを引くことでしょう。また人々が礼拝を早めに行うことの徳を知っていたなら、彼らはきっとそのために競い合うでしょう。そして人々が夜と朝の礼拝の徳を知っていたなら、彼らはきっと這ってでもそれを行うことでしょう。》」

61　いえ、私はあなたを信じます

フマイド（イブン・ヒラール）によれば、アッタファーワから来たある男はこの地域にやって来て、人々にこのように話しました。

「私はキャラバン隊でマディーナにやって来て商品を売りさばき、それから『是非ともあの男（アッラーの御使い）のところへ行って彼の話を持ち帰ろうではないか。』と言いました。それで私がアッラーの御使いのところへたどり着くと、御使いは私にある家を見せて、このように言いました。

《かつてあの家にある女性が住んでいました。彼女はある日、一二頭の山羊と編み針を置いてムスリム軍の小隊と共に出かけました。しかし（その間に）山羊一頭と編み針を失ってしまったので、彼女はこのように訴えました。

『主よ、あなたはあなたの道のために出かける者を守ってくださると私たちに保障なされました。私は山羊一頭と編み針を失ってしまいましたので、あなたにその山羊と編み針のありかをお尋ねいた

します。』》

そしてアッラーの御使いは、恩寵深く至高なる主に対する彼女の強い信頼について語り、このように言いました。

《翌朝、彼女は自分の山羊に加えてもう一頭の山羊と、自分の編み針に加えてもう一本の編み針を見つけました。あなたが望むなら彼女のところへ行って彼女にそのことを尋ねてみなさい。》

そこで私は、『いえ、私はあなたを信じます。』と言ったのでした。」

Ⅶ　未来――五話

「預言者によるこの種の物語は、この世の終末に起こるさまざまな出来事について語られています。それらの出来事は終末の日の接近を示す兆候として、いつの日か人々の前に顕われるものです。この種の伝承はムスリム学者たちの間で、「フィタン（試練、騒乱、単数形はフィトナ）と重大な出来事」と名づけられ、大変よく知られています。それらの伝承の多くは、聖クルアーンの中でごく短く示されていたり、あるいは部分的にのみ示されている出来事についての詳細であり、それらの出来事をより詳しく解説するために預言者が語ったものです。」（拙著『ハディースの中の物語』三六〇ページより）

62　ローマ人との戦い

ハッサーン・ブン・アティーヤは、このように伝えています。

マクフールとイブン・アビー・ザカリーヤがハーリド・ブン・マアダーンのところへ行った時、私も彼らと一緒に行きました。すると、ハーリド・ブン・マアダーンはジュバイル・ブン・ヌファイルに由来するものとして、和平についてこのように語りました。

ジュバイルはある日、「私たちと一緒に、（和平について）良く知る預言者の教友のところへ行こう。」と言いました。それで私たちはその人物のところへ行き、ジュバイルがその人物に和平について尋ねると、彼はこのように話しました。

「私はアッラーの御使いからこのように聞きました。

《あなた方はいずれローマ人たちと和平条約を結び、彼らと一緒に後方の敵と戦うために遠征するでしょう。そしてあなた方は勝利を収め、戦利品を獲得して無事帰途につきます。それで、丘のある牧草地まで帰って来ると、一人のキリスト教徒の男が十字架を掲げ、『十字架が勝利した。』と言うのです。そのため、ムスリムのある男が怒って十字架を粉々に壊すのですが、その時ローマ人たちは和平を破り、戦闘のために集結するでしょう。》」

63　大地に現れる獣

アブー・フライラによれば、アッラーの御使いはこのように語りました。

《ダーウードの息子スライマーンの指輪と、イムラーンの息子ムーサーの杖を持った獣がいつの日か現れます。そしてその獣は信仰者の顔をムーサーの杖で拭い、不信仰者の鼻をスライマーンの指輪で壊します。すると、水辺に住む人々が集まってきて、「そこの信仰者よ！」とか、「そこの不信仰者

よ！」と言うでしょう。》

64　ヤァジュージュとマァジュージュ

アブー・サイード・アルフドゥリーによれば、アッラーの御使いはこのように語りました。《ヤァジュージュとマァジュージュはいつの日か解き放たれて現れるでしょう。至高なるアッラーが〈どの丘からも勢いよく下って来る時までは。（預言者章二一・九六）〉と仰せられたように。

彼らは地上に広がり、ムスリムは彼らから逃げまどいます。生き残ったムスリムは自分たちの町や要塞に身を寄せ、家畜も自分たちの許に集めます。それからヤァジュージュとマァジュージュは川のそばを通り、彼らがその水を飲むと、やがて川には水が全くなくなってしまいます。それで彼らの最後の者が通る時には、「かつてこの場所には水があったのに。」と言うでしょう。

その後、ヤァジュージュとマァジュージュは地上に現れ、彼らのある者はこのように言うのです。「あの者たちは地上の住人であり、我々は既に彼らを滅ぼした。だから今度は天上の住人と対決しよう。」

そして彼らの一人が天に向けて槍を振りかざすと、それは血塗られて戻ってきます。そこで彼らは、「我々は天上の住人を殺した。」と言うでしょう。その時、アッラーは彼らのところにナガフ（ラクダの鼻腔などにいる）のような虫を遣わされます。するとその虫は彼らの首を捉え、彼らはいなごのように互いに重なり合って死ぬのです。

それでムスリムたちは彼らの気配を感じなくなり、このように言うでしょう。

「誰か、自分の身を抛って彼らの様子を伺って来る者はいないだろうか？」

するとと彼らのうちのある男が斥候を志願し、殺される覚悟で出かけて行きます。しかしやがてその男は彼らが死んでいるのを見つけて人々を呼び、「喜びなさい。あなた方の敵は滅びました。」と言うでしょう。それを聞いて人々は出て行き、家畜を放してやるのです。そこには敵たちの死肉しか食むものがないのですが、家畜たちはその死肉を餌にして肥えるでしょう。かつて草を食んでそのように肥えたことは一度もなかったほどに。》

65 ダッジャールの出現

アブー・ウマーマ・アルバーヒリーはこのように伝えています。

アッラーの御使いは私たちによく説教をしましたが、その中で最も頻繁に話したのはダッジャールのことで、彼は私たちにダッジャールについてよく警告しました。そしてある時はこのように話しました。

《アーダムの子孫が創造されてこのかた、ダッジャールのフィトナ（試練、災難）ほど大きなフィトナはないでしょう。アッラーが遣わされたどの預言者も、必ず自分のウンマ（共同体）にダッジャールのことを警告しました。私は最後の預言者であり、あなた方は最後のウンマです。それでダッジャールはあなた方の前に必ず現れるのです。

もし私が生きている間に彼が現れたなら、私はすべてのムスリムを守るために戦います。もし私の死後、彼が現れたなら、それぞれが自分を守るために戦わなければなりません。そしてアッラーは私に代わってすべてのムスリムを守ってくださることでしょう。ダッジャールはシャム（ダマスカス）とイラクの間のハッラの地に現れ、右にも左にも害悪を広めていきます。それゆえ、アッラーのしもべたちよ、イスラームの教えをしっかり守りなさい。

私はあなた方に、私以前のどの預言者も告げなかったダッジャールの特徴を告げましょう。

彼はまず、「我は預言者である。」と言いますが、私の後に預言者はいません。

次に彼は、「我はあなた方の主である。」と言いますが、あなた方は死ぬまで主にまみえることはありません。

また彼は片目がつぶれていますが、あなた方の主はそうではありません。そして彼の両目の間には「不信仰者」と書かれており、字が読める者でも読めない者でも、すべての信仰者はそれを読み取ります。

ダッジャールのフィトナの一つは、彼と共に楽園と火獄があることです。しかし、彼の火獄は実際には楽園で、彼の楽園は実際には火獄なのです。それで、彼の火獄によって試みられた者は、洞窟章の最初の部分を唱えてアッラーに救いを求めなさい。その火獄は冷たくなり、平安になるでしょう。かつてイブラーヒームに襲いかかった火がそうなったように。

また彼のフィトナの一つは、彼が遊牧アラブの男にこのように言うことです。

「もし私があなたの（亡くなった）両親を甦らせたならどうしますか？　その時あなたは、私があなたの主であると証言しますか？」

そこで男は、「はい。」と答えます。

すると二人の悪魔が男の両親の姿で現れ、このように言うでしょう。

「息子よ！　彼に従いなさい。彼はお前の主です。」

また、ダッジャールのフィトナの一つは、彼がある人物を支配して殺し、鋸《のこぎり》でその人を二つに切り裂くことです。彼はその時、このように言います。

「私のこのしもべを見よ。私は今彼を甦らせてみせよう。それでも彼は、自分には私以外の主がいると言い張るに違いない。」

するとアッラーはその人物を甦らせられ、不浄なる者（ダッジャール）が「お前の主は誰だ？」と問うと、彼はこのように言うでしょう。

「私の主はアッラー、そしてお前はアッラーの敵、ダッジャールである。アッラーに誓って言うが、今日ほどお前の正体がはっきりとわかったことは未だかつてなかった。」》

アブー・アルハサン・アッタナーフィスィーは次のように伝えています。

「アルムハーリビー*は、ウバイドゥッラー・ブン・アルワリード・アルワッサーフィー、さらにはアティーヤ、次いでアブー・リイードに由来して、御使いがもっとこのように言ったと話しました。

《この男は私のウンマの中で、楽園において最高位にある者です。》」

また彼は、アブー・サイードがこのように語ったと伝えています。

「アッラーに誓って言いますが、私たちはウマル・ブン・アルハッタープが亡くなるまで、その人物は彼に違いないと思っていました。」

そしてアルムハーリビーは、「それから私たちはまたアブー・ラーフィウ*の伝承に話を戻しました。」と言いました。

*アルムハーリビーもアブー・ラーフィウもこの伝承の口述者。

《また、ダッジャールのフィトナの一つは、彼が天に雨を命ずると雨が降り、大地に穀物を生長させるように命ずると穀物が生長することです。

また彼のフィトナの一つは、彼がある町を通りかかり、そこの人々が彼を嘘つきだと言うと、彼らが放牧する家畜は一頭残らず死んでしまうことです。

そして彼のフィトナの一つは、彼がある町を通りかかり、そこの人々が彼の言うことを信じると、彼は天に命じて雨を降らせ、穀物を生長させることです。そしてその日から彼らの家畜たちはかつてなかったほど太って横腹を膨らませて、乳房をミルクで満たすでしょう。

やがて地上には、ダッジャールが足を踏み入れない場所や現れない場所はなくなります。マッカとマディーナを除いては。その二つの土地では彼がどの山道をやって来ても、必ず天使たちが彼を打とうと剣を構えて待ち受けているのです。それから彼が荒地の外側にあるアッズライブ・アルアフマルまでやって来ると、マディーナは住民もろとも三度揺れるでしょう。すると、すべての偽信者の男女がダッジャールの許へ向かい、マディーナはまるで、ふいごが鉄の滓を払い落とすように、町から不浄を追放するのです。そしてその日は、「純化の日」と呼ばれるでしょう。》

そこで、ウンム・シャリーク・ビント・アビー・アルアカルが、「アッラーの御使いよ！ その日、アラブの民はどこにいるのでしょうか？」と尋ねると、御使いはこのように言いました。《その日、アラブの民はごく僅かであり、彼らの多くはバイト・アルマクディス（エルサレム聖殿）にいます。彼らのイマーム（導師）は正しい人物なのです。そしてそのイマームが進み出て朝の礼拝を先導していると、彼らの許にイーサー・ブン・マルヤムが降臨してくるでしょう。そこでイマームはそのまま後ずさりをして、イーサーに礼拝の先導を任せようとします。しかしイーサーは手を彼の肩に置き、『前に出て礼拝を続けなさい。この礼拝はあなたの先導で行われたのですから。』と言うので、イマームはそのまま礼拝の先導をします。それからイマームが（礼拝を終えて）退くと、イーサーは、『城門を開けなさい。』と命じるでしょう。

それで城門が開けられると、その後ろにダッジャールが立っており、彼のそばには七万人のユダヤ教徒がいるのです。彼らはみな宝石で飾られた剣を持ち、緑色の衣を身につけています。しかしダッジャールはイーサーを見ると、まるで塩が水に溶けるように溶け出し、そして逃げ出します。そこでイーサーは彼にこのように言うでしょう。

『私はあなたを一撃のもとに打ち取ろう。あなたは私から逃げおおせない。』

イーサーはアル・ルッド村の東門で追いついて彼を殺害し、アッラーはユダヤ教徒を敗北させられるのです。その時、アッラーが御創りになったもので、ユダヤ教徒が隠れることができるようなものは何もなくなり、アッラーはすべてのものが口を利くようになされるでしょう。石でも木でも壁でも獣でも、（ガルダカの木を除いて。ガルダカは彼らの木なので口を利かないでしょう。）すべてのものがこのように言うのです。
『アッラーのしもべたるムスリムよ！　ここにいるのはユダヤ教徒です。さあ、ここに来てこの者を殺しなさい。』》
また、アッラーの御使いはさらにこのように話しました。
《イーサーが降臨する期間は四〇年間です。しかし一年は今の半年ほどの短さになり、そして一カ月ほどの短さになり、一カ月は一週間になり、やがて最後の日々はまるで火花のように終わります。あなた方のうちの誰でも、朝、一つの城門から出て別の門にたどり着くまでには夜になってしまうことでしょう。》
そこである者がこのように尋ねました。
「アッラーの御使いよ、そのように時間が短くなる日々には、我々はどのように礼拝をすれば良いのでしょうか？」
すると御使いはこのように言いました。
《今、時間の長い日々の中で時間どおりに定めの礼拝を行っているように、その時も時間どおりに定めの礼拝をしなさい。》
それからアッラーの御使いはこのように言いました。
《イーサー・ブン・マルヤムは私のウンマの中で正義の統治者となり、公正なるイマームとなるでしょう。

彼は十字架を粉々に壊し、豚を殺し（て食べるのを禁じ）、ジズヤ（人頭税）を廃止します。（訳注：イーサーは不信仰者から人頭税を取るのではなく、むしろ彼らにイスラーム信仰を呼びかけるから。）そして（富が潤沢になるために）喜捨は放置され、羊であってもラクダであっても、（喜捨として）受け取ろうとする者はいなくなります。

そしてこの世に憎しみや嫌悪の気持ちはなくなり、毒をもつ生き物もいなくなります。それで、小さな男の子が手を蛇の口の中に入れても害されることはなくなり、また小さな女の子でさえも害されることなくライオンを追い払うことができるようになり、狼も牧羊犬のように羊の群の中に入るようになるでしょう。容器に水が満ちるように地上には平和が満ちるようになり、（すべてのものが信ずる）言葉はただ一つになります。その時、アッラーの外に崇拝されるものはなくなり、戦いもその重荷を降ろし、（ムスリム共同体の長として主権を有してきた）クライシュ族はその主権を奪われるでしょう。

地上は銀の盥のようになり、アーダムの時代の実や穀物が生ります。それで、人々の集団はたった一房のブドウに集まり、それによってみな満腹するようになります。また別の集団はたった一つのざくろの実に集まり、それによってみな満腹するようになります。そして雌牛はしかじかの高値になり、馬は何ディルハムかの安値になるでしょう。》

そこで人々は、「アッラーの御使いよ！　どうして馬は安くなるのですか？」と尋ねました。すると御使いは、《馬は戦で全く使われなくなるからです。》と答えました。そして人々が、「牛が高くなるのはどうしてですか？」と尋ねると、彼はこのように話しました。

《すべての土地が耕されるようになるからです。ダッジャール出現前の三年間に、人々はひどい飢饉に見舞われます。その最初の年、アッラーは雨の三分の一を降らせずに留め置くよう天に命じられ、また三分の一の穀物を生長させずに留め置くよう大地に命じられます。それから次の年、天はアッラーの命令によって雨の三分の二を降らせないで留め置き、また大地はアッラーの命令によって三分の二の穀物を生長させないで留め置きます。そして三年目の年、天はアッラーの命令によってすべての雨を降らせないで留め置き、地上には一滴の雨も降らなくなります。またアッラーが大地に命じられ、穀物はすべて生長しなくなり、草木は全く生えなくなるのです。それで、アッラーがお望みになるもの の外には、蹄《ひづめ》のある動物はすべて死に絶えるでしょう。》

そこで人々が、「その時代には人はどのように生活していくのでしょうか?」と尋ねると、御使いはこのように答えたのでした。

《タフリール（ラー・イラーハ・イッラーッラー「アッラーの外には神はない」）、タクビール（アッラーフ・アクバル「アッラーは至大なり」）、タスビーフ（スブハーナッラー「アッラーに讃えあれ」）、タハミード（アルハムドゥリッラー「アッラーに栄光あれ」）が食べ物の代わりになるのです。》

アブー・アブドゥッラーによれば、アブー・アルハサン・アッタナーフィスィーに由来して、アブドゥッラフマーン・アルムハーリビーはこのように言いました。

「これは、教育者が学校で子供たちに教えるべき伝承である。」

66　地中に沈む軍隊

預言者の妻ウンム・サラマによれば、預言者はこのように話しました。

《あるハリーファの死後、ムスリムの間には対立が起こるでしょう。それでマディーナのある男がマッカへ逃亡します。するとマッカの人々はその男のところへやって来て、無理やり彼を指導者として立て、ルクン（カアバ聖殿の黒石のある一角）とマカーム（イブラーヒームの立処）の間で彼に忠誠の誓いを立てるでしょう。

そこでシャム（ダマスカス）の民は彼に軍隊を差し向けるのですが、マッカとマディーナの間のアルバイダーゥという所で彼らは地中に沈められ、人々はそれを目撃します。それで（人々は彼がマハディーであると悟り）、シャムの貴人たちやイラクの民の集団がやって来て、ルクンとマカームの間で、彼に忠誠の誓いを立てるでしょう。

その後、カルブ族出身の母を持つあるクライシュの男が現れ、彼らに兵を送りますが、指導者となった先の男（マハディー）は人々と共に彼らを征圧します。それが「カルブ族の派兵」です。その時、カルブ族の戦利品を得なかった者（カルブ族との戦いに参加しなかった者）は、失敗者となるでしょう。その指導者は富を分配し、預言者のスンナ（聖行）によって人々を扱い、地上でイスラームを安定させ、この世に七年間留まります。そして彼は亡くなり、ムスリムたちはその葬儀で彼のために礼拝を捧げるでしょう。》

アブー・ダーウードはこのように述べています。

「ヒシャームに由来して、『九年間』と伝えている口述者たちも、また、『七年間』と伝えている口述者たちもいます。」

Ⅷ　来世——三六話

「アッラーの御使いがアラブの民に説いた事柄の中で、タウヒード（神の唯一性）の次に重要な事柄は、死後の復活についてでした。アラブの民は死後の復活の教えを頑に否定し、これ以上ないほど激しい拒絶反応を示し、その真実に反発したのです。

彼らが死後の復活を否定する様子は、クルアーンの複数の聖句の中に記されています。（サバア章三四・七－八、跪く時章四五・二四、整列者章三七・一六－一九）

イスラーム伝教の根本でもあるその教えを尊大に否定する彼らを前にして、御使いはできるかぎりの手段をもってその真実を確証しなければなりませんでした。そのため、御使いは死後の復活と来世の出来事に関するハディースの中で物語の形を用い、より豊かなイメージでそれらを語ったのです。物語の形を用いて来世の様子を示し、その真実を確証するという方法が、単なる理論的な説明よりもずっと良く人々の心に伝わることは、疑う余地のないことです。

物語の中に出てくる死後の復活と来世の光景は、明確なイメージや躍動感、そして現実味といったものを感じさせる数々の場面を通して、未来の出来事に実感を伴う像を与えてくれます。そしてそれは、来世についての私たちの知識を確定し、死後の復活についての信仰を堅固なものにし、また来世に対する私たちの感覚をより深めてくれるものなのです。

これらの物語は、死後の復活や来世を否定する者たちへの返答であるだけでなく、ムスリムたちに対して示されたものでもあります。それは、教友たちが単に死後の復活と来世を事実であると認識しているだけでは充分ではないと御使いが考えていたことを物語っています。そのため、彼は多くのハディースの中で物語の形を用いて来世について語っており、その中で来世の出来事や光景を伝えているのです。

その種のハディースに接した者は、その言葉や表現を通して、それらの出来事が目の前でくり広げられているような、生き生きとした躍動を感じることができます。また私たちはそれらの物語の中で、来世の出来事に登場する、自分たちが良く知る、あるいは部分的に知っている人物や存在に遭遇します。たとえばそれは預言者や使徒や天使といった存在です。そしてそのような遭遇は、来世に対するより強い確信や得心を生み出すのに、大変重要な要素なのです。」（拙著『ハディースの中の物語』三六三―三六四ページ）

67　信者たちの報復

アブー・サイード・アルフドゥリーによれば、アッラーの御使いはこのように語りました。

《（復活の日）信者たちは火獄を免れ、楽園と火獄との間にかかる橋の上に留め置かれます。その時、現世において互いの間でなされた不義の報復がなされます。それで彼らはみな清算され、浄められてから、楽園に入ることを許されるのです。ムハンマドの魂をその御手にお持ちになる御方にかけて、彼らは現世で自分の家を見出すよりもずっと容易に、楽園で自分の家を見出すことができるでしょう。》

68　楽園で種を蒔く

アブー・フライラは次のように伝えています。

ある日預言者は、そばに一人の遊牧アラブの男がいた時、このように話しました。

《楽園に住むある男は、主に種を蒔く許しを求めるでしょう。そこで主が、「あなたは自分が欲しいものを何でも持っているではないか?」と問われると、男はこのように答えます。

「はい、そのとおりです。しかし私は畑仕事がしたいのです。」

それで彼が種を蒔くとそれは瞬く間に芽を出して生長し、山のような収穫をもたらします。そこでアッラーはこのように仰せられるでしょう。

「さあ、取りなさい、アーダムの子孫よ。本当にあなたは何をもってしても満足することがない。」》

すると遊牧アラブの男はこのように言いました。

「アッラーに誓って、その男はクライシュ族かアンサール（援助者たち）に違いありません。彼らは畑を耕す民ですから。」

それを聞いて預言者は笑ったのでした。

69　復活の日の「死」の姿

アブー・サイード・アルフドゥリーによれば、アッラーの御使いはこのように語りました。

《（復活の日）死は白黒のぶちの羊の姿でやって来ます。それで天使が、「楽園の住人よ。」と呼びかけると、彼らは伸び上がって声のするほうを見ます。そして、「あなた方はこれを知っていますか?」と問われると、「はい。それは死です。」と答え、彼らはみなそれを見ます。それから天使が、「火獄の住人よ。」と呼びかけると、彼らは伸び上がって声のするほうを見ます。そして、「あなた方はこれを知っていますか?」と問われると、「はい。それは死です。」と答えます。そして彼らがみな見た後、それ(死)は屠られ、天使はこのように言うでしょう。「楽園の住人よ、あなた方には永遠の生が与えられ、もう死ぬことはありません。火獄の住人よ、あなた方には永遠の生が与えられ、もう死ぬことはありません。」》

それから預言者は次の聖句を唱えました。

〈あなたは悔恨の日(復活の日)に就いて、かれらに警告しなさい。その時、事は決定されるのである。かれらが油断し(油断する者たちは現世の徒です。)[*]、また不信心である間に。(マルヤム章一九・三九)〉

*この部分は預言者の言葉。

70　執り成しをする子供たち

アブー・フライラによれば、アッラーの御使いはこのように語りました。

《成年に達していない三人の息子たちを亡くしたムスリムについては、アッラーがお慈悲によって必ず親子とも楽園に入れてくださるでしょう。そのような息子たちは、「楽園に入りなさい。」と言われると、「私たちの両親が来てから。」と言います。そしてそのやり取りが三度くり返され、また彼らが同じように答えると、このように告げられるのです。

「楽園に入りなさい。あなた方も、そしてあなた方の両親も。」》

またアルブハーリーは、彼の正伝集の中の「知識の書一〇一：女性たちに教えるために特別の日を設けるべきか（アブー・サイード・アルフドゥリーによる伝承）」の中で、同義のハディースを次のように伝えています。

女性たちはある時、預言者にこのように言いました。

「男性たちがあなたをより多く独占してしまっています。ですから私たちにも、（教えを学ぶための）特別の日を設けてください。」

そこで預言者は女性たちと会う日を約束し、その日に彼女たちに訓戒を与え、そして教えました。その中で、彼は女性たちにこのように言いました。

《あなた方のうちの誰でも自分の三人の息子たちを差し出した女性には、地獄の業火から守ってくれる覆いが必ずや与えられるでしょう。》

それを聞いて一人の女性が、「二人ではどうでしょうか？」と訊ねると、彼は、《二人でも。》と答えたのでした。

71　最初に裁かれる者

スライマーン・ブン・ヤサールはこのように伝えています。

ある日、（集まっていた）人々がアブー・フライラの許から離散していくと、シャム（ダマスカス）

のナーティルがアブー・フライラにこのように言いました。

「長老よ！　アッラーの御使いから聞いたハディースを何か私たちに話してください。」

そこでアブー・フライラは次のように話しました。

「いいでしょう。アッラーの御使いはこのように語りました。

《復活の日、最初に審判を受けるのは殉教者として死んだ男です。彼は（審判のために）主の前に連れてこられるのですが、アッラーが彼にお与えになった恵みを一つ一つ述べられると、彼はそれを認めます。そして、『それらの恵みに対してあなたは何を行ったのか？』と主に問われると、男は、『私はあなたのために戦って殉教しました。』と答えるでしょう。しかし主は彼にこのように仰せられるのです。

『あなたは嘘をついている。あなたは勇者だと言われたいがために戦ったにすぎず、実際にそう言われたであろう。』

それから主は命令を出され、その殉教者は顔を下にして引きずられ、火獄に投げ込まれるでしょう。

次に、学問を修めてそれを教え、クルアーンを誦んだ男が連れてこられます。

そこでアッラーが彼にお与えになった恵みを一つ一つ述べられると、男はそれを認めます。そして、『あなたはそれらの恵みに対して何を行ったのか？』と主に問われると、男はこのように答えるでしょう。

『私は学問を修め、それを教えて、主のためにクルアーンを誦みました。』

しかし、主は彼にこのように仰せられるのです。

『あなたは嘘をついている。あなたは学者だと言われたいがために学問を修め、クルアーンの誦み手だと言われたいがためにクルアーンを誦み、実際にそう言われたであろう。』

それから主は命令を出され、男は顔を下にして引きずられ、火獄に投げ込まれるでしょう。

次に、アッラーが裕福になされ、あらゆる種類の富を潤沢に授けられた男が連れてこられます。そこでアッラーが男にお与えになった恵みを一つ一つ述べられると、男はそれを認めます。そして、『あなたはそれらの恵みに対して何を行ったのか？』と主に問われると、彼はこのように答えるでしょう。

『私は、主がお望みになる道において、余すところなく主のために財貨を費やしてまいりました。』

しかし、主は男にこのように仰せられるのです。

『あなたは嘘をついている。あなたは寛大な者と言われたいがためにそうしたのであり、実際にそう言われたであろう。』

そして主は命令を出され、男は顔を下にして引きずられ、火獄に投げ入れられるでしょう。》

72　信者たちの執り成し

アブー・サイード・アルフドゥリーはこのように伝えています。

私たちはある時、アッラーの御使いにこのように尋ねました。

「アッラーの御使いよ、復活の日に私たちは主にまみえるのでしょうか？」

すると御使いは私たちに、《雲ひとつかかっていない時に、太陽を見るのは難しいですか？》と問いかけました。それで私たちが、「いいえ。」と答えると、さらにこのように問いかけました。

《では、雲ひとつかかっていない満月の夜に月を見るのは難しいですか?》

そこで私たちが、「いいえ。」と答えると、彼はこのように話しました。

《復活の日、あなた方はそれらと同じように主にまみえるのです。その日、アッラーが人々をある平地に召集なされると、彼らはこのように命じられるでしょう。

「かつて何かを崇拝していた者は、それに従いなさい。」

それで、太陽を崇めていた者は太陽に従っていって火獄に落ち、月を崇めていた者は月に従っていって火獄に落ち、また偶像を崇めていた者は偶像に従っていって火獄に落ちます。こうして、アッラー以外のものを崇めていた者はみな火獄に落ち、信者とその中に混じる偽信者、そして(火獄に落ちないで)残った啓典の民だけになるでしょう。》

その時、御使いは指で「その人々は僅かだ」という意味のジェスチャーをしてみせ、それからこのように言いました。

《すると、偉力並びないアッラーは彼らのところにおいでになり、「あなたたちはかつて崇拝していたものに従わないのか?」と問いかけられます。そこで彼らが(その時はアッラーだとまだ気づかないので)、「私たちはかつてアッラーを崇拝していましたが、まだアッラーにまみえていません。」と答えると、(彼らにもそれとわかるよう)脚からの姿をお示しになるのです。そうして、現世でアッラーのために心からサジダを捧げていた者はみな跪いてサジダを捧げますが、現世で虚栄のためにサジダを捧げていた者は皆後ろに倒れてしまいます。

その後、地獄の真ん中に橋がかけられます。橋の両端には預言者たちがいて、「アッラーよ、どうかお守りください、お守りください。アッラーよ、どうかお守り下さい、お守り下さい。」と言います。その橋は滑りやすく、そこにはたくさんの鉄鉤や曲がった鉄針があるのです。》

口述者の一人であるアブドゥッラフマーンは、預言者が、《それは人々をひっかけ（て落とし）、まるでナジドに生えるサアダーンという棘のある木のようです。》と言ったように思う、と言い、預言者がその時、人々にその木の描写をしてみせた、と伝えています。それから預言者はこのように続けました。

《私と私のウンマの人々はその橋を最初に渡る者たちであり、あるいは、そこから最初に救われる者たちです。人々はそれぞれ、稲妻のように、風のように、俊足の馬やラクダのようにその橋を渡ることでしょう。稲妻のように渡った者たちは安全に渡り終えて救われ、風のように渡った者たちはその皮膚をびりびりと破られ、馬やラクダのように渡った者たちは束になって火獄に落とされるでしょう。

それで橋を渡った時、あるいは橋を通過した時、（同胞で落ちたものがいるので）誰もがまだ本当に救われたとは思えないでいます。そして火獄に落ちた兄弟たちを求めるあまり、思わずこのように言うのです。

「主よ、私たちはみな聖戦に参加し、ハッジ（大巡礼）を行い、そしてまたウムラ（小巡礼）を行いました。それなのに今日、なぜ私たちは救われ、彼らは破滅したのでしょうか？」

すると偉力並びないアッラーは、「一ディナール硬貨ほどの重さでも心に信仰を持つ者がいれば、火獄から連れ出しなさい。」と仰せられ、その者たちは火獄から連れ出されることでしょう。さらに主は、「一キラートほどの重さでも心に信仰を持つ者がいれば、火獄から連れ出しなさい。」と仰せられ、その者たちは火獄から連れ出されることでしょう。そしてさらに主は、「芥子粒の重さでも心に信仰を持つ者がいれば、火獄から連れ出しなさい。」と仰せられ、その者たちは火獄から連れ出されることでしょう。》

アブー・サイードはここで、「私とあなた方の間にはアッラーの書があります。」と言いました。それについてアブドゥッラフマーンはこのように伝えています。

「アブー・サイードは、聖句〈一人として仮令《たとえ》芥子《けし》一粒の重さであっても不当に扱われることはない。われはそれを（計算に）持ち出す。われは清算者として万全である。（預言者章二一・四七）〉のことを指していたと思います。」

それから、預言者はこのように続けました。

《それで彼らは火獄から連れ出され、「生命の河」と呼ばれる川に入れられます。すると、洪水で運ばれた種子が新芽を出すように、（一度火獄で焼かれた）彼らは蘇生するのです。太陽に向かって育った穀物は緑色になり、日陰で育った穀物は黄色になるではありませんか。》

そこで人々が、「アッラーの御使いよ、あなたはかつて羊飼いをしていたかのようですね。」と言うと、彼は、《そうです。私はかつて羊飼いをしていました。》と言ったのでした。

73　信者のための御使いの執り成し

アブー・フライラはこのように伝えています。

アッラーの御使いのところに肉がもたらされた時、御使いが好んだ前脚部分の肉が差し出されると、彼はそれを一口食べ、それからこのように語りました。

《復活の日、私は人類の先導者となるでしょう。それがどうしてかわかりますか？　その日、過去未来すべての人々はある平地に召集されます。その時、宣言者の声が彼らすべてに届き、彼らはみな見通されます。そして太陽が近づいて来て、彼らの不安や苦悩は耐えられないほどになり、ある者たちはこのように言うでしょう。

「あなた方は自分がどんなになったのかわかっているでしょう。それなのに、どうして主の許で執り成しをしてくれる人を探さないのですか？」

すると別の者たちは、「アーダムにお願いするべきです。」と言い、それからアーダム（彼に平安あれ）のところへ行って、このように言うのです。

「あなたは人類の祖先であり、アッラーは御自身の手であなたを御創りになりました。そしてあなたに主の霊を吹き込まれ、天使たちに対してあなたにサジダをするよう命じられました。ですから、どうか主の許で私たちのために執り成しをして下さい。私たちがどんな災難の中にあり、どんな不幸に見舞われているか、あなたはご存知でしょう。」

しかし、アーダムはこのように言うでしょう。

「主は今日、後にも先にもないほどお怒りになっています。主は私に楽園の木を禁じられたのに、私はそれに背いたのです。私は自分のことが心配です。ですから他の人のところへ行きなさい。ヌーフのところへ。」

そこで人々はヌーフのところへ行き、このように言うのです。

「ヌーフよ、あなたは地上の民に遣わされた最初の使徒であり、アッラーはあなたのことを〈感謝するしもべ〉(夜の旅章一七・三)と呼ばれました。ですから、どうか主の許で私たちのために執り成しをして下さい。私たちがどんな災難の中にあるか、あなたはご存知でしょう。」

しかし、ヌーフはこのように言うでしょう。

「偉力並びない主は今日、後にも先にもないほどお怒りになっています。私はかつて祈願の機会を与えられたのですが、(伝教した民があまりに反抗するので)思わず彼らの破滅を願ってしまったのです。私は他の誰でもない、自分自身のことが本当に心配です。ですから、他の人のところへ行きなさい。イブラーヒームのところへ。」

そこで人々はイブラーヒームのところへ行き、このように言うのです。

「イブラーヒームよ、あなたはアッラーの預言者であり、地上の民のうちで主の友です。どうか主の許で私たちのために執り成しをして下さい。私たちがどんな災難の中にあるか、あなたはご存知でしょう。」

しかし、イブラーヒームはこのように言うでしょう。

「主は今日、先にも後にもないほどお怒りになっています。私はかつて三度嘘をついたのです。(アブー・ハイヤーンはその伝承の中でこの嘘について話しました。）私は自分のことが心配です。ですから、他の人のところへ行きなさい。ムーサーのところへ。」

そこで人々はムーサーのところへ行き、このように言うのです。

「ムーサーよ、あなたはアッラーの使徒であり、アッラーは特別な恩寵をもってあなたを選ばれて啓示を授けられ、あなたに親しく語りかけられました。ですから、どうか主の許で私たちのために執り成しをして下さい。私たちがどんな災難の中にあるか、あなたはご存知でしょう。」

しかし、ムーサーはこのように言うでしょう。

「主は今日、後にも先にもないほどお怒りになっています。私は命じられてもいない人を殺してしまったのです。私は自分のことが心配です。ですから他の人のところへ行きなさい。イーサーのところへ。」

そこで人々はイーサーのところへ行き、このように言うのです。

「イーサーよ、あなたはアッラーの使徒であり、マルヤムに授けられたアッラーの御言葉であり、そして主からの霊です。あなたは赤子の時に揺り籠の中から人々に語りかけました。ですから、どうか主の許で私たちのために執り成しをして下さい。私たちがどんな災難の中にあるか、あなたはご存知でしょう。」

しかし、イーサーはこのように言うでしょう。

「主は今日、後にも先にもないほどお怒りになっています。（彼は自分の罪については語りません。）私は自分のことが心配です。ですから他の人のところへ行きなさい。ムハンマドのところへ。」

こうして人々はムハンマドのところへやって来て、このように言うのです。「ムハンマドよ、あなたはアッラーの使徒であり、最後の預言者です。アッラーは、過去の罪についても未来の罪についても、あなたを御赦しになりました。ですから、どうか主の許で私たちのために執り成しをして下さい。私たちがどんな災難の中にあるか、あなたはご存知でしょう。」

こうして私は主の許へ出向いていくのです。それでアッラーの玉座の足元まで来ると、偉力並びない主にサジダを捧げます。するとアッラーは、それまで誰にも教えられなかった主への讃美の言葉を私に教えられ、それからこのように仰せられるでしょう。

「ムハンマドよ、頭を上げなさい。そして求めなさい、それは与えられるであろう。執り成しをしなさい、それは受け入れられるであろう。」

それで私が頭を上げ、「どうか私のウンマをお救い下さい。どうか私のウンマをお救い下さい。」と言うと、主はこのように仰せられるのです。

「ムハンマドよ、楽園の門のうちの右の門から、あなたのウンマの中で（殉教者など天国入りが決まっており）清算を免除された者たちを入れなさい。彼らはそれ以外の門から入る者たちと一緒になるであろう。」

私の魂をその御手にお持ちになる御方にかけて、天国の門の両側の支柱間の距離は、マッカとヒムヤルの間、あるいはマッカとブスラー（バスラ）の間の距離ほどもあるのです。》

74　使徒たちの執り成し

ジャービルによれば、アッラーの御使いはこのように語りました。

《（審判の日に人々が）楽園の民と火獄の民とに分別されると、楽園の民は楽園に入り、火獄の民は火獄に入ります。それで使徒たちが立ち上がって執り成しをすると、主はこのように仰せられるでしょう。

「行きなさい。そしてあなた方が信仰を認める者がいたならば、その者を火獄から連れ出しなさい。」

それで使徒たちは黒焦げになったその者たちを連れ出し、「生命の河」と呼ばれる川に彼らを投げ入れます（あるいは川辺に投げ出します）。すると彼らの焦げは川縁に落ちてすっかり白くなり、サアーリール*のようになって川からあがってくるのです。

＊キュウリ状のキッサーゥという野菜。早く成長するので、人々が迅速に蘇生する様を譬えている。

そしてさらに使徒たちが主に執り成しをすると、主はこのように仰せられるでしょう。

「行きなさい。そして種の重さほどでも心に信仰を持つ者を見つけたなら、彼らを火獄から連れ出しなさい。」

それで、その者たちは喜んで火獄から連れ出されることでしょう。

そしてさらに使徒たちが執り成しをすると、主はこのように仰せられるでしょう。

「行きなさい。そして芥子粒ほどの重さでも心に信仰を持つ者を見つけたなら、彼らを火獄から連れ出しなさい。」

その後、偉力並びないアッラーは、「さて、今われはわれの知識と慈悲によって、火獄の者たちを救出しよう。」と仰せられ、それまでに救出された人々の何倍もの人々と、さらにその何倍もの人々を火獄から連れ出されるのです。彼らはその首に、「偉力並びないアッラーによって解放された者」と書かれます。こうして彼らは楽園に入り、そこで（楽園の民に）「ジャハンナミー（地獄上がり）」と呼ばれることでしょう。》

75　主の約束

スハイブによれば、預言者は偉力並びないアッラーの御言葉〈善行をした者には（天国に入るという）素晴しい報奨があり、また追加もある。（ユーヌス章一〇・二六）〉について、このように語りました。

《楽園の民が楽園に入ると、呼びかけの天使はこのように呼びかけるでしょう。「アッラーは（かつて）あなた方にある約束をなされ、今それを果たそうとなさっています。」そこで、彼らは主にこのように言うでしょう。

「しかし、あなた（アッラー）は既に私たちの顔を白く輝かせて下さったではありませんか？　また私たちを火獄から救って下さったではありませんか？　そして私たちを楽園に入れて下さったではありませんか？」

するとその時、（彼らとアッラーとの間の）覆いがはずされるのです。アッラーに誓って、主に与え

られる恵みの中で、主にまみえること以上に彼らが好むものはありません。》

76　楽園の市場

サイード・ブン・アルムサイィブによれば、彼がアブー・フライラに会った時、アブー・フライラは彼にこのように言いました。

「アッラーが楽園で私とあなたを一緒にして下さいますように。」

そこでサイードが、「楽園には市場があるでしょうか？」と訊ねると、彼はこのように話しました。

「はい、あります。アッラーの御使いは私にこのように話しました。

《楽園の民は楽園に入るとかつての行いのおかげでそこで暮らします。それから、この世の長さで言うと金曜日の長さ分だけ許可されて、主を訪ねるでしょう。主は御自身の玉座を彼らに示され、天国の数ある楽園のうちの一つの中で、彼らのために姿を現されるのです。その時、彼らのために光でできたひな壇と、黄金でできたひな壇と、銀でできたひな壇が置かれるでしょう。楽園の民の最下位者――もっとも彼らの中に低い人間などいないのですが――は、麝香と樟脳でできた丘の上に座ります。しかしそこでは彼らは、椅子を与えられた人々が自分たちよりも優れているとは思わないのです。》」

それからアブー・フライラは、このように続けました。

「そこで私が、『アッラーの御使いよ、私たちは主にまみえるのでしょうか？』と尋ねると、彼は、《はい、そうです。》と答え、このように問いかけました。

《あなた方は、（昼間）太陽が見えることや、満月の夜に月が見えることに疑問を持つでしょうか？》

そこで私たちが、「いいえ。」と答えると、御使いはこのように話しました。

《それと同様に、あなた方は疑いなく主にまみえるのです。（復活の日）アッラーは一人残らずその場にいる者に語りかけられるでしょう。そして主は彼らのある者に対して、『某の息子の某よ、あなたはしかじかの日のことを覚えているか？』と問われ、男の悪行のいくつかについて言及なされます。そこで男が、『主よ、あなたは私を赦して下さったのではありませんか？』と言うと、主はこのように仰せられるでしょう。

「いかにも。われの恩赦の大きさゆえに、あなたはその地位へ到達したのである。」

そうしている時、一つの雲が彼らを覆い、そこから彼らがかつて嗅いだことのないような芳しい香りが降り注ぎ、恩寵深く至高なる主はこのように仰せられるでしょう。

「われがあなた方に用意した恩寵へと赴き、望みのものを取りなさい。」

そこで私たちがある市場へ向かうと、その市場は天使たちによって取り囲まれています。そこは見たことも、聞いたことも、頭に浮かんだこともないようなところで、私たちは何でも欲するものを与えられ、何も売り買いされることはありません。そしてその市場で楽園の民は互いに会うことができるのです。

それで、楽園での高位者が近づいてきて――そこには低い人間などいないのですが――、自分よりも下位の者に会うでしょう。すると、最初は高位者が身につけている衣装を見て下位者は恐れを抱くのですが、話し終わらないうちに自分のほうが彼より優れていると思うようになります。それは、楽園の中では誰一人悲しむ者があってはならないからなのです。

それから私たちは楽園での自分の家に向かうのですが、妻たちは私たちを見ると、このように言うでしょう。

「ようこそお帰りなさい。あなたは出て行った時よりもさらに美しくなって戻ってきましたね。」

すると夫はこのように言うのです。

「私たちは今日、偉力並びない主の許にいたのですから、このように変わるのも当然のことです。」》

アブー・イーサー・アッティルミズィー（このハディースの収集者）はこのように述べています。

「これは、一人の伝承者のみが伝えているハディースです。我々はこの伝承者経路でのみこのハディースを認知しています。また、スワイド・ブン・アムルはこの伝承の一部をアルアウザーイーに由来して伝えています。」

77　最後の審判の日にアッラーが姿を示されること

アブー・フライラによれば、アッラーの御使いはこのように語りました。

《（復活の日）アッラーがしもべたちを一つの平地に集められると、呼びかけ役の天使が、「人々はみな、かつて崇めていたもののところへ行きなさい。」と告げるでしょう。それで、それぞれの民はみなかつて崇めていたもののところへ行くのですが、ある人々の集団は動かず、その場に留まっています。

そこでアッラーは（彼らが主とわからない姿で）彼らの許においでになり、「他の者たちは行ったというのに、あなたたちはどうしてここに留まっているのか？」と問いかけられます。そこで彼らが、「私たちは主をお待ちしているのです。」と言うと、アッラーは「あなた方は主を知っているのか？」と問いかけられます。

すると彼らは、「主がお見えになれば、私たちにはわかります。」と言うでしょう。そこでアッラーは脚からその御姿を示されると、（信者である人たちは）主にサジダを捧げるでしょう（偽信者はそうしない）。それが至高なるアッラーのこの御言葉の意味するところです。

〈脛《すね》が現わにされる日（を思いなさい）。かれらはサジダするよう求められる。だがかれらには出来ないであろう。（筆章六八・四二）〉

こうして、偽信者たちはみなその場に留まり、サジダを捧げることができません。その後、主は彼ら（サジダした先の信者たち）を楽園へと連れて行かれるでしょう。》

78　イブラーヒームとアーザル

アブー・フライラによれば、預言者はこのように語りました。

《復活の日、イブラーヒームは塵や埃にまみれた顔をした父アーザルに会い、「私はかつて、私に背いてはいけませんとあなたに言わなかったでしょうか？」と言うでしょう。するとアーザルは、「私は今日、あなたに背かない。」と言います。それでイブラーヒームは主にこのように言うでしょう。

「主よ、あなたは、人々が甦らせられる日に私を辱めないと約束して下さいました。私にとって、あなた（のお慈悲）から遠ざけられる父の姿ほど大きな恥辱がありましょうか？」

しかし、至高なるアッラーはこのように仰せられるでしょう。

「われは不信仰者たちに楽園を禁じたのである。」

それから、「イブラーヒームよ、あなたの足元には何があるか?」と言われ、イブラーヒームは足元を見ます。するとそこには糞にまみれたハイエナがいて、四肢をつかまれ、火獄の中に投げ入れられるのです。（訳注：アッラーはイブラーヒームの名誉のためにアーザルをハイエナの姿に変えて火獄に入れられた。）

79　火獄の中をぐるぐると回る者

アブー・ワーイルはこのように伝えています。

ある者がウサーマに、「あなたは某（オスマーン・ブン・アッファーンのこと）のところへ行って彼と話し合ってはどうですか。」と勧めると、彼はこのように言いました。

「私があなた方のいないところでは彼と話さないと思っているのですか。私は（人前で信者の長に忠告することによって）新たな騒乱の幕を開けてしまわないよう、秘密裡に彼と話しています。たとえ相手が自分の長であっても、アッラーの御使いの話を聞いていながら、あなたは最良の人物だ、とは私には言えません。」

そこで人々が、「あなたは御使いから何を聞いたのですか?」と尋ねると、ウサーマは御使いがこのように話したと伝えました。

《復活の日、ある男が連れてこられて火獄に投げ入れられます。その男ははらわたを飛び出させたまま、まるでロバがひき臼の周りをぐるぐると回るように、火獄の中をぐるぐると回ることでしょう。それで、火獄の住人が彼のところに集まってきて、このように言うのです。

「あなたは一体どうしたというのですか？　かつてあなたは私たちに善行を命じ、悪行を禁じていたというのに？」

するとこのように言うでしょう。

「私はかつてあなた方に善行を命じながら自分ではそれを行わず、悪行を禁じながら自分ではそれを行っていたのです。」》

80　ラッパが吹き鳴らされる時

ウルワ・ブン・マスウード・アッサカフィーがアブドゥッラー・ブン・アムルに聞いた話によれば、ある日、アブドゥッラーのところに一人の男がやって来て、このように尋ねました。

「あなたが語った、『最後の時はしかじかの時に起こるだろう。』というハディースはどういうことなのでしょうか？」

そこでアブドゥッラーは、「スブハーナッラー（讃美されるべきアッラーよ）！」、あるいは、「ラー・イラーハ・イッラーッラー（アッラーの外に神はありません）」、またはそれに類する言葉を唱えてから、男にこのように言いました。

「私は誰にも何も語るまいと決心しています。しかし近い将来、重大な出来事が起こるということはあなた方に告げておきます。その時、カアバ聖殿は焼けてしまうのです。そしてそれは必ず起こり、間違いなく現実のものとなるでしょう。」

そして彼は、アッラーの御使いがこのように語ったと伝えています。

《私のウンマにダッジャールが出現し、彼は四〇の間とどまります（それが四〇日のことか、四〇カ月のことか、四〇年のことか、私〔アブドゥッラー〕にはわかりません）。そこでアッラーはマルヤムの息子イーサーを地上に遣わされます。

イーサーはウルワ・ブン・マスウードに似た人物で、彼はダッジャールを探し出して殺害します。それから七年の間、人々は誰も互いに敵意を持つことなく平安に暮らし、その後、アッラーはシャムの方角から冷風を送られるでしょう。すると、心に微塵ほどでも善良さ、あるいは信仰を持つ者は、地上に残ることなく死に絶えます。たとえ山奥に入り込む者がいても、冷風はそこまで及び、その命を奪うのです。》

さらに彼は、アッラーの御使いがこのように語ったと伝えています。

《それで地上には邪悪な者ばかりが生き残ります。彼らはまるで鳥のように素早く、野獣のように貪欲に非行を追い求めます。彼らは善行を知らず、非行を否むことのない者たちなのです。そんな彼らの許に悪魔が人間の姿をして現れ、「あなたたちは（私に）応じないのですか？」と彼らに問いかけるでしょう。

それで彼らが、「あなたは私たちに何を命じるのですか？」と尋ねると、悪魔は偶像崇拝を命じます。そして彼らはその代わりに豊かな糧と快適な生活を送れるようになるのです。

それからラッパが吹き鳴らされ、それを聞くと彼らはみな首を傾けたり、首を上げたりするでしょう。最初にその音を聞くのはラクダ用の桶を修理している男なのですが、彼はその音で卒倒し、人々もみな卒倒します。その後アッラーは露玉（ティッル）のような、あるいは陰（ズィッル）のような（口述者ヌウマーンはどちらの言葉だったかはっきりと覚えていない）雨を送り、（あるいは降らせ、）その露から人々の身体が生え出てくるのです。

その後、もう一度ラッパが吹き鳴らされ、彼らがみな起き上がってあたりを見回していると、「人々よ、あなたがたの主の許へ行きなさい。」と呼びかけられるでしょう。そして起立させられ、様々に尋問されるのです。（訳注：整列者章三七・二四に〈「いや、かれらを待たせておけ。かれらに尋ねることがある。」〉とある。）それからこのようなやりとりが交されるでしょう。

「火獄に送られる者たちを連れ出しなさい。」

「何人ですか？」

「各一〇〇〇人につき九九九人です。」

それこそ、「子供が（恐怖のあまり）白髪になる日（衣を纏う者章七三・一七）」であり、「脛が現わになる日（筆章六八・四二、「最後の日」の意）」なのです。》

81　最後に楽園に入る男

イブン・マスウードによれば、アッラーの御使いはこのように話しました。

《最後に楽園に入るのは、つまずきながら歩く、かつて業火に焼かれた男です。男は火獄を出ると後ろを振り返ってこのように言うでしょう。

「私を業火から救って下さった御方を讃えます。アッラーは過去、未来を通じて誰にも与えられなかったほどの恩寵を私にお与えになりました。」

その時、一本の木が現れ、彼はこのように言うでしょう。

「主よ！　私をあの木に近づけて下さい。あの木の陰で休み、その水を飲むことができるように。」

そこで偉力並びないアッラーはこのように仰せられます。

「アーダムの子孫よ！　われがその願いを叶えたならば、おそらくあなたはまた他のものを願うであろう。」

すると男は、「いいえ、主よ。」と言い、もう他のものは願わないと主に誓います。

主は男が到底耐え切れないだろうと憐れまれ、その願いを受け入れられて、その木を男に近づけておやりになるのです。それで男はその木の陰で休み、その水を飲むでしょう。

しかしその後、最初の木よりもっと美しい木が現れると、男は主にこのように言うでしょう。

「主よ！　私をあの木に近づけて下さい。あの木の陰で休み、その水を飲めるように。もう他のものは何も願いませんから。」

そこで主はこのように仰せられます。

「アーダムの子孫よ！　あなたはもう他のものは願わないと誓ったではないか？　われがその木を近づけたら、あなたはまた他のものを願うのではないか？」

しかし男は、もう他のものは願わないと主に誓いました。主は彼が到底耐えられないだろうと憐れまれ、彼の願いを受け入れられて、その木を近づけておやりになります。それで男はその木の陰で休み、その水を飲むでしょう。

しかしその後、楽園の門の近くに今までの木よりさらに美しい木が現れると、男はこのように言うのです。

「主よ！　私をあの木に近づけて下さい。あの木の陰で休み、その水を飲むことができるように。他のものはもう何もお願いしませんから。」

そこで主はこのように仰せられるでしょう。

「アーダムの子孫よ！　あなたはもう他のものは願わないと誓ったではないか？」

すると男は、「そのとおりです、主よ！　私はもうこれ以外のものは願いません。」と言います。主は男が到底耐えられないだろうと憐れまれ、彼の願いを受け入れられて、その木を近づけておやりになります。

それで男はその木に近づけてもらうのですが、楽園の住人の声を聞くと、こんどは、「主よ！　私をあそこに入れてください。」と言うでしょう。そこで主はこのように仰せられます。

「アーダムの子孫よ！　あなたの願い事はいつまで続くのか？　われがあなたに全世界を、あるいはそれに匹敵するものを与えたなら、あなたは満足するのだろうか？」

すると男はこのように言うのです。

「主よ！　あなたは私をからかっておられるのですか？　あなたは確かに万有の主には違いありませんが。」》

その時、イブン・マスウードは笑い、このように言いました。

「あなた方は私がなぜ笑うのか訊ねないのですか？　アッラーの御使いはその時このように笑い、人々が、『あなたはなぜ笑うのですか、アッラーの御使いよ。』と尋ねると、このように言ったのです。」

《男が、「あなたは私をからかっておられるのですか？　あなたは確かに万有の主には違いありませんが。」と言うと、万有の主はお笑いになるからです。そして主は男にこのように仰せられるでしょう。

「われはあなたをからかっているわけではない。われは望むことを何事でもなすことができるのである。」》

82　楽園での最下位者

アブドゥッラーによれば、預言者はこのように語りました。

《私は、火獄から最後に連れ出され、楽園に最後に入る者を知っています。その男が這いながら火獄を出ると、アッラーは彼に、「行って楽園に入りなさい。」と仰せられます。それで男が楽園に行ってみると、彼にはそこが満員のように思えるので、引き返してきて、「主よ、楽園は満員です。」と言うでしょう。

しかし主が再び、「行って楽園に入りなさい。」と仰せられるので、男はまた楽園に行きますが、彼にはそこはやはり満員に思えます。そこで彼は再び引き返し、「主よ、楽園は満員です。」と言うでしょう。すると主はこのように仰せられるのです。

「行って楽園に入りなさい。あなたには地上にいた時と同じものと、さらにその一〇倍のものが――あるいは地上の一〇倍のものが用意されている。」

それを聞くと男はこのように言うでしょう。

「あなたは冗談をおっしゃっているか、あるいは私をからかっておられるのでしょうか。確かにあなたは王であられるわけですが。」》

その時、アッラーの御使いは奥歯が見えるほど笑って、《それが楽園で最下位の男です。》と言ったのでした。

83 尋問

アブー・フライラはこのように伝えています。

人々がある日、「アッラーの御使いよ！ 復活の日に私たちは主にまみえることができるのでしょうか？」と尋ねると、御使いは彼らにこのように問いかけました。

《雲ひとつない真昼に、太陽を見るのは難しいでしょうか？》

そこで彼らが、「いいえ。」と答えると、さらに御使いは、《では、雲ひとつない満月の夜に、月を見るのは難しいでしょうか？》と問いかけました。それで彼らが、「いいえ。」と答えると、次のように話しました。

《私の魂をその御手にお持ちになる御方にかけて！ それらを見ることがあなた方にとって難しいことでないのと同様、あなた方が主にまみえることも難しいことではありません。

主は審判のためにしもべにお会いになると、このように仰せられるでしょう。

「某よ！　われはあなたに名誉を与え、あなたを人々の主人とし、配偶者を与え、馬やラクダをあなたのために供した。そしてあなたを人々の支配者にし、相応の利益を得るよう地位を与えたのではなかったか？」

そこでしもべが、「そのとおりです。」と答えると、主は彼に、「あなたはわれと会うことを考えたのか？」と仰せられます。それで彼が、「いいえ。」と答えると、「あなたがわれのことを忘れたように、われもあなたのことを忘れよう。」と彼に仰せられるでしょう。

それから主は二番目のしもべにお会いになり、このように仰せられます。

「某よ！　われはあなたに名誉を与え、あなたを人々の主人とし、あなたに配偶者を与え、あなたのために馬やラクダを供し、あなたを人々の支配者にして、相応の利益を得るよう地位を与えたのではなかったか？」

そこでしもべが、「そのとおりです。」と答えると、主は彼に、「あなたはわれと会うことを考えたのか？」と仰せられます。それでしもべが、「いいえ。」と答えると、「あなたがわれを忘れたように、われもあなたを忘れよう。」と彼に仰せられるでしょう。

それから主は三番目のしもべにお会いになり、前と同じように仰せられます。

するとそのしもべはこのように言うのです。

「主よ！　私はかつて、あなたとあなたの書、あなたの使徒たちを信じていました。そして礼拝を捧げ、断食を行い、喜捨を差し出しました。」

そしてさらに、可能なかぎり自分の善行を述べ上げると、主は、「よろしい、われはあなたの（行いについての）証言者を呼ぼう。」と仰せられるのです。それを聞いた男は、一体誰が自分の行いを証言してくれるのだろうか、と心の中で考えます。するとその時、男の口は封印されて、彼の脚や肉や骨が、「話しなさい。」と命じられます。それで、男の脚や肉や骨は彼の行いについて証言し、彼はもはや弁解をすることができません。その者は偽信者であり、アッラーのお怒りを蒙る者なのです。》

84 アッラーのご満足

アブー・サイード・アルフドゥリーによれば、預言者はこのように語りました。

《（来世において）アッラーが、「楽園の民よ！」と呼びかけられると、楽園の民は主にこのように応じます。

「主よ、私たちはここに侍っております！　そしてあなたに奉仕いたします。善なるものはすべてあなたの御手の中にあります。」

そこで主が、「あなたたちは満足しているだろうか？」と仰せられると、彼らはこのように答えるでしょう。

「私たちが満足しないなどということがあるでしょうか？　主よ、あなたはあなたのどんな創造物にもお与えにならなかったものを私たちに与えて下さいました。」

すると主は、「これよりもっと良いものをあなたたちに与えようではないか？」と仰せられるのです。そこで彼らが、「主よ！　これより良いものとは一体どんなものですか？」と尋ねると、主はこのように仰せられるでしょう。

「われの満足をあなたたちに与えよう。それで今後われは決してあなたたちを苦しめないであろう。」》

85　紙片

アブドゥッラー・ブン・アムルによれば、アッラーの御使いはこのように語りました。

《復活の日、私のウンマのある男は人々の前に呼び出され、自分の（行いが記録された）九九の帳簿を広げられるでしょう。その各帳簿は、遥か視線のかなたまで届くほど大きなものです。それから偉力並びないアッラーは男に、「この中にあなたが否定できるものが少しでもあるだろうか?」と問われるのですが、男はそれに対して、「いいえ、主よ。」と答えます。するとさらにアッラーは、「われの書記（天使）たちは（その記録において）あなたを不当に扱っているだろうか?」と問われ、さらに、「あなたにはこれらの（悪行の）代わりになる善行が何か一つでもあるだろうか?」と問いかけられます。そこで男が恐れながら、「いいえ。」と答えると、主はこのように仰せられるでしょう。

「いや、われの許には数々のあなたの善行が記録されており、今日あなたは少しも不当に扱われないのである。」

それで一枚の紙片（ビターカ）が取り出されるのですが、そこには、「私は、アッラー以外に神はなく、ムハンマドはアッラーのしもべであり、使徒であると証言いたします。」と書かれています。それを見て、男はこのように言うでしょう。

「主よ！　先の（膨大な）帳簿があるというのに、その紙片が何の足しになるでしょうか！」
しかし主はなおも、「あなたは少しも不当に扱われないのである。」と仰せられます。それから天秤の片方に帳簿が乗せられ、もう片方に紙片が乗せられます。すると帳簿のほうが軽くて持ち上がり、紙片のほうはその重みで下がるのです。》
ムハンマド・ブン・ヤフヤーはこのように言いました。
「ビターカとは紙片のことです。エジプトの人々は紙片のことを、ビターカと言います。」

86　あなた方に平安あれ

アブドゥッラー・ブン・アムル・ブン・アルアースによれば、アッラーの御使いはある時、人々にこのように問いかけました。

《あなた方は人間のうちで最初に楽園に入るのは誰か知っていますか？》

そこで人々が、「アッラーとその御使いだけがご存知です。」と言うと、御使いは次のように話しました。

《人間のうちで最初に楽園に入るのは、貧者たち、ムスリムの塞《とりで》を死守しようと戦ったムハージルーン（移住者たち）、敵や災難から同胞を守った者、そして胸に望みを持ちながらそれが叶わぬまま死んだ者です。それで偉力並びないアッラーはお望みの天使たちに、「彼らのところへ行って挨拶をしなさい。」と仰せられます。しかし天使たちはこのように言うのです。

「私たちは天上の住人であり、人間より優れた被造物です。それなのにあなたは私たちにあの者たちのところへ行って挨拶せよと命じられるのでしょうか?」

するとアッラーはこのように仰せられるでしょう。

「彼らはかつてわれを崇め、われに何ものも同位者を配さず、ムスリムの塞を死守し、敵や災難から同胞を守り、胸に望みを持ちながらそれが叶わぬまま死んだしもべたちなのである。」

すると、天使たちはその者たちのところへ向かい、すべての門から彼らの許へ赴いて、このように言うでしょう。〈「あなたがたがよく耐え忍んだ故に、あなたがたの上に平安あれ。まあ何と善美な終末の住まいであることよ。」(雷電章二三・二四)〉

87 楽園と火獄の自慢

アブー・サイード・アルフドゥリーによれば、アッラーの御使いはこのように語りました。

《楽園と火獄は互いに自慢しあい、火獄のほうはこのように言うでしょう。

「主よ、私のところには人々を制圧する者たちや尊大な者たち、また王や高貴な者たちが入ります。」

そこで楽園のほうはこのように言うでしょう。

「主よ、私のところには弱者や貧者や困窮者たちが入ります。」

すると、恩寵深く至高なるアッラーは火獄に向かってこのように仰せられます。

「あなたはわれに代わる懲罰役である。われはあなたによって望みの者を罰する。」

また楽園に向かってはこのように仰せられるでしょう。

「あなたはすべてのものに行き渡るわれの慈悲である。そしてあなたたちのどちらも人々の集団で満たされるであろう。」

それで火獄の民が火獄の中に投げ込まれ、火獄は、「なお多く入る者がいるでしょうか？」と尋ねます。するとさらに人々が投げ込まれ、火獄はまた、「なお多く入る者がいるでしょうか？」と尋ねます。そしてさらに人々が投げ込まれ、火獄はまた、「なお多く入る者がいるでしょうか？」と尋ねるでしょう。

そのようなやり取りが何度もくり返されるのですが、やがて恩寵深く至高なる御方がお出ましになり、そのおみ足を火獄に入れられて人々を一方に寄せられます。そこで火獄は、「もう結構です、結構です。」と言うでしょう。

楽園にはまず、そこに留まるよう望まれた楽園の民が留まり、その後でさらにアッラーは楽園にお入れになるためにお望みの人間を新たにお創りになるのです。》

88 火獄の食べ物

アブー・アッダルダーゥによれば、アッラーの御使いは次のように語りました。

《火獄の民はひどい飢えを味わわされ、その苦しさはその他の懲罰と同等です。それで彼らが助けを求めると、栄養にもならず、飢えをしのぐこともできない苦い茨が与えられます。やむなく彼らが他の食べ物を求めると、こんどは喉につかえる食べ物を与えられます。その時彼らは、かつての世では喉につかえる食べ物を飲み物で飲み下していたことを思い出し、飲み物を求めるのです。

すると鉄鉤に掛けられた煮え湯が持ってこられ、その煮え湯が近づくと彼らの顔は焼けてしまい、それが腹に入ると彼らの内臓はバラバラに千切れてしまいます。そこで彼らは（主への執り成しを願い）、「地獄の天使たちを呼ぼう。」と言うでしょう。すると（天使たちがやって来て）このように言うのです。

〈「使徒が、あなたがたに明証を持って行かなかったのか。」かれらは（答えて）言う。「その通りです。」かれら（天使）は言う。「それなら祈るがいい。」しかし、これら不信心者の嘆願は、誤り（の迷路）に（虚しくさ迷って）いるだけである。（ガーフィル章四〇・五〇）〉

それで彼らは、（主への執り成しを願って）「マーリク（地獄の看守）を呼ぼう。」と言い、（マーリクに向かって）〈「看守（マーリク）よ、あなたの主に頼んでわたしたちの始末を付けて下さい。」（金の装飾章四三・七七）〉と言うのです。しかしマーリクは、〈「あなたがたは、滞留していればよいのである。」（同上）〉と答えることでしょう。》

アルアアマシュは、彼らの呼びかけとマーリクの返答との間には一〇〇〇年の隔たりがあると聞いた、と伝えています。

それから預言者はこのように続けました。

《それで彼らは、「主を呼ぼう。あなた方の主に勝る者は誰もいないのだ。」と言い、主にこのように訴えるでしょう。

〈「主よ、わたしたちは不運に打ち負け、迷っていました。主よ、わたしたちをここから出して下さい。もしもなおわたしたちが（悪に）返るならば、本当に不義の徒です。」（信者たち章二三・一〇六ー

一〇七)〉

しかし主はこのようにお答えになるのです。〈「その中に卑しめられて入ってしまえ。われに物を言うな。」(信者たち章二三・一〇八)〉

その時、彼らはすべての希望を失い、ため息と後悔と災い(懲罰)の中へと引きずり込まれてゆくことでしょう。》

89　証人となるウンマ

アブー・サイード・アルフドゥリーによれば、アッラーの御使いは次のように語りました。

《復活の日、ある預言者は一人の者だけを連れてやって来ますが、ある預言者は二人の者たちを連れてやって来て、またある預言者はそれより多くの者たちを連れてやって来ます。そしてその預言者の民が呼ばれ、「彼(その民の預言者)はあなた方にこのこと(死後の復活や清算)について知らせただろうか?」と問われると、彼らは、「いいえ。」と答えるでしょう。しかし預言者本人は、「あなたはあなたの民にこのことを伝えただろうか?」と問われると、「はい。」と答えます。それで、「誰がそれを証言するのか?」と問われると、その預言者は、「ムハンマドと彼のウンマの人々です。」と答えるのです。

そのためムハンマドのウンマの者たちは、「本当に彼は彼の民に伝えたか?」と問われ、「はい。」と答えるでしょう。そしてさらに、「あなた方はそれをどのようにして知ったのか?」と問われると、このように答えるでしょう。

「私たちの許に預言者が遣わされ、（以前の）使徒たちは彼らの民に（復活と清算について）既に伝えている、と私たちに告げたからです。そのことは、次の啓示に明らかです。

〈このようにわれは、あなたがたを中正の共同体（ウンマ）とする。（雌牛章二・一四三）〉

私たちの預言者は、主が正義をもってこのように仰せられた、と言いました。

〈それであなたがたは、人びとに対し証人であり、また使徒は、あなたがたに対し証人である。（同上）〉》

90　最初に衣服を着せられる者

イブン・アッバースはこのように伝えています。

ある時、アッラーの御使いは人々に訓戒を与え、《人々よ、あなた方はやがて裸で割礼をしないままの姿でアッラーの許に集められます。》と言いました。そして次の聖句を詠みました。

〈われが最初創造したように、再び繰り返す。これはわれの定めた約束である。われは必ずそれを完遂する。（預言者章二一・一〇四）〉

それからこのように続けました。

《復活の日に最初に衣服を着せられるのはイブラーヒームです。またその日、私のウンマのある者たちは連れてこられ、火獄へと連れて行かれます。それで私が、「主よ、彼らは私の教友たちです。」と言うと、主は、「あなたがたがいなくなった後、彼らが新たに起こした（異端な）事態をあなたは知らないのだ。」と仰せられるのです。そこで私は、あの正しいしもべ（イーサー）が言ったように、このように言うでしょう。

〈「わたしがかれらの中にいた間は、わたしはかれらの証人でありました。あなたがわたしを御呼びになった後は、あなたがかれらの監視者であり、またあなたは、凡てのことの立証者であられます。」「あなたが仮令かれらを罰せられても、誠にかれらはあなたのしもべです。またあなたがかれらを御赦しなされても、本当にあなたこそは、偉力ならびなく英明であられます。（食卓章五・一一七－一一八）〉

すると主はこのように仰せられるのです。

「あの者たちはあなたが逝ってからイスラームを棄て、真理に背きつづけたのだ。」》

ムハンマド・ブン・ジャアファルは、シュウバ、さらにはアルムギーラ・ブン・アンヌウマーンに由来して、類似のハディースを伝えており、「これは、良好で真正なハディースである。」と述べています。そして、スフヤーン・アッサウリーもアルムギーラ・ブン・アンヌウマーンに由来して類似のハディースを伝えています。また、アブー・イーサー・アッティルミズィー（本ハディースの収集者）は、「これはリッダの民（背教者たち）について説明したもののようである。」と述べています。

91　復活の日の殺人者

アブドゥッラー・ブン・マスウードによれば、預言者はこのように語りました。

《ある男は（復活の日に）一人の男の手を取りながらやって来て、「主よ、この者は私を殺しました。」と言うでしょう。そこでアッラーがその殺人者に、「あなたはなぜ彼を殺したのか?」と問われると、男は、「私が彼を殺したのは、あなたにこそ栄光があるよう願ってのことです。」と答えるのです。するとアッラーは、「誠に栄光はわれのものである。」と仰せられるでしょう。

また別の男がやはり一人の男の手を取りながらやって来て、「この者は私を殺しました。」と言います。そこでアッラーがその殺人者に、「あなたはなぜ彼を殺したのか?」と問われると、男は、「某に栄光があるよう願ってのことです。」と答えます。するとアッラーは、「栄光は某のものではない。」と仰せられ、その男の罪をはっきりさせられるのです。》

92　詠みなさい、そして昇りなさい

アブドゥッラー・ブン・ブライダは、彼の父がこのように話したと伝えています。

「私が預言者と一緒にいた時、彼はこのように言いました。

《雌牛章を学びなさい。雌牛章の読誦は祝福であり、それを放棄することは不幸です。魔術師たちはそれを唱える（もしくは理解する）ことができません。》

そして彼はしばし沈黙し、それからこのように語りました。

《雌牛章とイムラーン家章を学びなさい。復活の日、この二つの章はその所有者（読誦者）に陰を与えて涼ませることでしょう。その陰はまるで二つの雲、あるいは頭上に陰をもたらす二つの覆い、または羽を広げた鳥たちの二つの群れのようです。

復活の日にクルアーンの所有者（読誦者）が墓から出される時、クルアーンは病んで黄色い顔をした男の姿で彼に会い、「あなたは私を知っていますか?」と尋ねるでしょう。そこでその者が、「いい

え、私はあなたを知りません。」と言うと、クルアーンはこのように言うのです。

「私はあなたの友であるクルアーンです。私はかつて暑さの厳しい日にあなたの喉を渇かせ、夜にはあなたを眠りから遠ざけました。商人はみな自分の商売で利益を得るものです。ですからあなたも今日すべての商売〔善行〕から利益を得るのです。」

それで、彼は右手に王権を、左手に〔楽園での〕永遠〔の生〕を与えられ、頭には尊崇の冠を戴くでしょう。また彼の両親は、かつての世では身につけたことのない立派な新調の衣装を着せられます。それで彼らが、「なぜ、私たちはこのような衣装を着させていただけるのでしょうか?」と尋ねると、「あなた方の子供がクルアーンを読誦したからです。」と告げられるでしょう。それから先の読誦者はこのように告げられるのです。

「クルアーンを詠み、楽園の階段を昇り、いろんな部屋を回りなさい。」

そして早詠みであろうと、遅詠みであろうと、クルアーンを詠んでいるかぎり、彼はずっと昇りつづけることでしょう。》

93　楽園の二人の信者

イブン・アッバースによれば、預言者はこのように語りました。

《〔復活の日〕楽園の門のそばで二人の信仰者が出会うことでしょう。一人は現世で金持ちだった信仰者で、もう一人は現世で貧しかった信仰者です。それで、貧者のほうはそのまま楽園に入れられますが、金持ちのほうはしばらくの間、その場に留め置かれ、それから楽園に入れられるのです。その後、貧者の男は楽園で金持ちの男に出会い、このように言うでしょう。

「兄弟よ、なぜあなたは留め置かれたのですか？　アッラーに誓って、本当にあなたは私が心配になるほど留め置かれていましたね。」

すると、金持ちの男はこのように言うのです。

「兄弟よ、あなたが行ってから私は留め置かれたのですが、それは何とも恐ろしく、そしておぞましい時間でした。あなたのところへたどり着くまでに、私の体からは大量の汗が流れたのですが、それはまるで、（食べた後で水が欲しくなるような）酸味のある果実を食べた一〇〇〇頭のラクダの喉をも潤すことができるほどの量だったのです。》

94　なぜ私を殺したのか

サーリム・ブン・アビー・アルジャアドによれば、ある時、イブン・アッバースは次のような者について意見を求められました。すなわちそれは、意図的に信仰者を殺しながら、その後悔悟して信仰し、善行をなし、そして正しい道へと導かれた者のことです。それについて彼はこのように言いました。

「どうして彼に悔悟の余地があるでしょうか？　以前私は、あなた方の預言者がこのように言うのを聞きました。

《（復活の日、現世で殺された）ある男は、血を流しながら自分を殺した者に括りつけられて（主の許に）やって来て、「主よ、なぜ私を殺したのか、この者に問うて下さい。」と言うでしょう。》

そして預言者はさらにこのように言ったのです。

《アッラーに誓って、アッラーは（殺人者の刑罰に関する）啓示を下され、その後、それを取り消されることはありませんでした。》」

95　ハンナーンよ、マンナーンよ*

＊「アル・ハンナーン（温情者）」と「アル・マンナーン（恩恵者）」はアッラーの美称。

アナス・ブン・マーリクによれば、預言者はこのように語りました。

《地獄に入れられたあるしもべは、一〇〇〇年もの間、「ハンナーンよ、マンナーンよ。」と呼びつづけるでしょう。そこで偉力並びないアッラーは天使ジブリール（彼に平安あれ）にこのように仰せられます。

「行って、あのしもべを連れて来なさい。」

ジブリールが行ってみると、火獄の民はぎゅうぎゅうになってみな泣いています。そこでジブリールが主の許へ戻ってそう告げると、主はこのように仰せられます。

「彼を連れて来なさい。彼はしかじかの場所にいる。」

それでジブリールはその男を連れてきて、偉力並びない主のそばに立たせます。すると主は男に向かって、「わがしもべよ、あなたの居場所とあなたの昼寝場所はどうであるか？」と問いかけられます。そこで男は、「主よ、あれは最悪の場所で、最悪の昼寝場所でございます。」と答えますが、主は、「われのしもべを戻すように。」と仰せられるのです。そのため、男はこのように訴えるでしょう。

「主よ、あなたが私をあそこから連れ出して下さった時、私は再び戻ろうなどとは望まなかったのです。」

するとと主は天使たちに、「わがしもべを放してやりなさい。」と仰せられるでしょう。》

96　楽園の河のほとりで

アブー・サイード・アルフドゥリーによれば、アッラーの御使いはこのように語りました。

《火獄にいることを定められた者たちは永遠にそこに留まり、死ぬことはありません。一方、その中のある者たちは、その罪に応じて業火の懲罰を受け、そこで黒焦げになるまで焼かれますが、その後で執り成しが許されます。そして彼らは集団ごとに火獄から連れ出され、楽園の河のほとりに散りに投げ出されるでしょう。するとその時、楽園の民に対して、「彼らに水を注いでやりなさい。」という呼びかけがあり、それで楽園の民がその者たちに水を注いでやると、まるで洪水で流された種子が新芽を吹き出すように、彼らの肉は甦生するのです。》

97　火獄と楽園を味わう者たち

アナス・ブン・マーリクによれば、アッラーの御使いはこのように語りました。

《復活の日、現世で裕福な生活を享受した火獄の民の一人が連れて来られ、一度だけ業火に浸けられます。そしてその者は、「アーダムの子孫よ、あなたは少しでも心地好く感じただろうか？　何か役に立つものが得られただろうか？」と問われると、「いいえ！　アッラーに誓って、主よ。」と答えるでしょう。

それから次に、現世で誰よりも不幸な生活を送った楽園の民の一人が連れて来られ、一度だけ楽園の至福を味わわされます。そしてその者は、「アーダムの子孫よ！　あなたは少しでも苦しい目に遭っただろうか？　何か困難なことを体験しただろうか？」と問われると、このように答えるでしょう。「いいえ。アッラーに誓って言いますが、主よ、私は何も苦しい目に遭いませんでしたし、いかなる困難も体験しませんでした。」

98　ザカート（喜捨）の務めを果たさない者

アブー・フライラはこのように伝えています。

アッラーの御使いはこのように語りました。

《（現世において）財宝を所有していながら定めの喜捨を差し出さない者には、復活の日、地獄の業火で熱せられた板が作られ、それがその者の額と脇と背に焼きつけられることでしょう。それは、一日があなた方の計算で五万年に相当する日に、偉力並びないアッラーがしもべたちに審判を下されるまで続きます。そしてその後、彼は楽園に入るのか、火獄に行くのか、自分の行き先を知ることになるのです。

現世において羊を所有しながら定めの喜捨を差し出さなかった者のところには、復活の日、かつて所有していたものよりずっと大きな羊たちがやって来ることでしょう。そしてその羊たちのために広くて平坦な大地が広げられると、羊たちは次々と角で男を突き刺し、またひづめで彼を踏みつけていくでしょう。

その日そこには、角が曲がった羊や角のない羊は一頭もいないのです。そして最後の一頭が通り過ぎても、また最初の一頭が戻ってきて同じようにくり返します。これは、一日があなた方の計算で五万年に相当する日に起こり、偉力並びないアッラーがしもべたちに審判を下されるまで続くことでしょう。その後、その者は楽園に入るのか、あるいは火獄に行くのか、自分の行き先を知ることになるのです。

現世においてラクダを所有しながら定めの喜捨を差し出さなかった者のところには、復活の日、かつて所有していたものよりずっと大きなラクダたちがやって来ることでしょう。そしてそのラクダたちのために広くて平坦な大地が広げられると、ラクダたちは次々に彼を踏みつけて行き、最後の一頭が通り過ぎても、また最初の一頭が戻ってきて同じようにくり返します。これは、一日があなた方の計算で五万年に相当する日に起こり、アッラーがしもべたちに審判を下されるまで続くことでしょう。その後、男は楽園に入るのか、あるいは火獄に行くのか、自分の行き先を知ることになるのです。》

それから御使いは馬について尋ねられると、このように言いました。

《馬の前髪には復活の日まで徳が結びつけられています。そして馬に（関する態度に）よって、報酬が約束される者、庇護と美が約束される者、そして重荷が課せられる者がいるでしょう。

報酬が約束される者とは、馬をアッラーの道のために用意した者で、馬の腹に入ったものに関しても彼に報酬があります。馬が川辺を通り、川の水を飲んでも、その腹に入ったものに関して彼に報酬があり、彼の用意したものを馬が食べても、それに関して彼に報酬があります。また馬が野山を駆け

ても、その一歩一歩に関して彼に報酬があります。》

そして御使いは馬の糞尿についても同様に述べ、それからこのように続けました。

《また、庇護と美を約束される者とは、馬を特別大切にし、美しく仕立てて装飾として所有する者で、困難な時にも容易な時にも、馬の腹と背の権利を忘れない者のことです。

そして重荷を課せられる者とは、贅沢や自慢や見栄や虚栄のために馬を所有する者のことです。》

それから、ロバについて尋ねられると、御使いはこのように答えました。

《ロバについては、この特記すべき包括的な聖句以外にはアッラーからの啓示は私には下りませんでした。

〈一微塵の重さでも、善を行った者はそれを見る。一微塵の重さでも、悪を行った者はそれを見る。〉

（地震章九九・七―八）》

99　イマーム（導師）と共に呼び出されること

アブー・フライラによれば、預言者はアッラーの御言葉〈その日われは凡ての人間を、そのイマーム（導師）と共に（審判のため）召集する。〉（夜の旅章一七・七一）について、このように話しました。

《復活の日、彼ら（イマーム）の一人は呼ばれて自分の書（記録）を右手に渡されます。その時、彼の背丈は六〇腕尺に伸び、その顔は白く輝き、頭の上に光り輝く真珠の冠を戴くことでしょう。それで彼が仲間のところへ向かうと、仲間たちは遠くからその姿を見てこのように言います。

「アッラーよ、私たちにもあのようなものをお与え下さい。そしてそれによって私たちを祝福して下さい。」

するとと彼は仲間のところへやって来て、このように言うでしょう。

「喜びなさい。あなたたちにもみなこれと同じものが与えられるのです。」

一方、不信仰者はどうかといえば、彼の顔は黒くなり、その背丈はアーダムの姿のように六〇腕尺に伸びるでしょう。そしてある冠を戴くのですが、仲間たちは彼の姿を見てこのように言うでしょう。

「私たちはあの者の害悪からの守護をアッラーに願います。アッラーよ、私たちにあのようなものを与えないで下さい。」

そして彼がやって来ると仲間たちは、「アッラーよ、彼が卑しめられますように。」と言うのですが、彼は仲間たちにこのように言うでしょう。

「アッラーがあなた方を遠ざけられますように。あなた方はみなこれと同じものを与えられるのです。」》

アブー・イーサー・アッティルミズィー（本ハディースの収集者）は、「これは良好なハディースで、ただ一人の伝承者が伝えた伝承である。」と述べています。

100　アッラーのアーダムへの呼びかけ

アブー・サイード・アルフドゥリーによれば、預言者はこのように語りました。

《（復活の日）至高なるアッラーが、「アーダムよ。」と呼ばれると、アーダムは、「私はここに侍っております、御意のままに。幸いはあなたの御手の中に。」と答えます。するとアッラーは、「火獄の民を連れ出しなさい。」と仰せられます。
そこでアーダムが、「火獄の民とは誰のことでしょうか?」と尋ねると、主は、「各一〇〇〇人のうちの九九九人である。」と仰せられるでしょう。
その時、(恐怖のあまり) 子供は白髪になり、妊婦はみな流産してしまいます。
そして人々は酔っているように見えるのですが、実際には酔っているわけではなく、アッラーの懲罰がとても厳しいのでそのような状態になるのです。》
そこで人々が、「アッラーの御使いよ、私たちのうちの誰が (幸運な) 残りの一人になるのでしょうか?」と尋ねると、彼はこのように言いました。
《喜びなさい。その一人はあなた方のうちから、そして (火獄に入る) 九九九人はヤァジュージュとマァジュージュの民のうちからです。》
それから御使いはこのように続けました。
《私の魂をその御手にお持ちになる御方にかけて、私はあなた方が楽園の民の四分の一を占めるよう願います。》
そこで私たちは、「アッラーフ・アクバル (アッラーは至高なり)。」と言いました。そしてさらに御使いは、《私はあなた方が楽園の民の三分の一を占めるよう願います。》と言い、私たちは、「アッラーフ・アクバル」と言いました。そしてまた御使いは、《私はあなた方が楽園の民の半分を占めるよう願います。》と言い、私たちは、「アッラーフ・アクバル」と言いました。すると御使いはこのように言ったのでした。

《(復活の日) 人々の中であなた方は、まるで白牛に生えている一本の黒い毛のようなもの、あるいは黒牛に生えている一本の白い毛のようなものでしょう。》

101 大地とその宝

アブー・フライラによれば、アッラーの御使いはこのように言いました。
《(復活の日) 大地はその内部にある、金銀の円柱といった宝を吐き出します。するとと盗人がやって来て、「私はこのようなもののために (刑罰を受けて) 手を切り落とされたのだ。」と言うでしょう。そして次に殺人者がやって来て、「私はこのようなもののために殺人を犯したのだ。」と言い、それから近親者と縁を切った者がやって来て、「私はこのようなもののために近親者たちとの縁を切ったのだ。」と言うでしょう。そしてその日、彼らはみなその宝を放置し、少しも取ろうとはしないのです。》
アブー・イーサー・アッティルミズィー (本ハディースの収集者) はこのように述べています。
「これは、良好で真正なハディースであり、ただ一人の伝承者が伝えた伝承である。我々はこの伝承者経路でしかこのハディースを知らない。」

102 二人を火獄から連れ出しなさい

アブー・フライラによれば、アッラーの御使いはこのように語りました。

《(来世で) 火獄に入った二人の男は、激しい叫び声を上げます。そこで偉力並びない主なる御方は、

「彼ら二人を連れ出しなさい。」と命じられ、彼らが火獄から連れ出されると、「どうしてあなた方二人はあのように激しく叫んでいたのか？」と問われるでしょう。そこで彼らは、「あなたが私たちに御慈悲をかけて下されぱと思ってそうしたのです。」と答えます。すると主はこのように仰せられるでしょう。

「あなたたちへのわれの慈悲であるから、二人とも行って、元いた火獄の業火に身を投げなさい。」そのため二人は出て行きます。それで、彼らのうちの一人は火獄の業火に身を投げるのですが、主は業火を彼の上で冷たく平安になされます。そしてもう一人のほうも立ち上がるのですが、彼は身を投げようとしないので、偉力並びない主なる御方はこのように問いかけられます。

「どうしてあなたはあなたの友がしたように身を投げないのか？」

すると、男はこのように答えるでしょう。

「主よ、あなたはせっかく私を業火から連れ出して下さったというのに、また連れ戻すようなことはどうかなさらないで下さい。」

そこで主は、「それではあなたの願いどおりにしよう。」と仰せられ、結局彼らは二人ともアッラーの御慈悲によって楽園に入るのです。》

アブー・イーサー・アッティルミズィー（本ハディースの収集者）はこのように述べています。

「このハディースの伝承者経路についてはその信憑性に疑いがある。なぜならこのハディースは、ハディース学者の間で『ダイーフ（伝承者として信頼度が低い者）』とみなされている口述者、ラシデイーン・ブン・サアドが、イブン・ナアム・アルイフリーキーに由来して伝えたものであり、アルイフリーキーもまた、ハディース学者の間で『ダイーフ』とみなされている口述者だからである。」

Ⅸ　幽玄界――一六話

「さまざまなテーマを持つこれらの物語は、それぞれに異なる事柄を扱っています。しかしそのすべての物語を一つに結びつけ、共通の範疇にまとめあげているのは、それらがみな幽玄界に属する事柄を語っているという点です。幽玄界の事象は人間が見たり感知したりできないものであり、アッラーのお許しによって下された啓示を通してしか、我々はそれを知ることができないのです。

これらの物語は、それを見聞する者たちに不可視の世界の情報を提供してその秘密の一部を明らかにすることで、幽玄界に対する意識を高めさせ、人間の行く末に関係する事柄への感覚を高めさせるものです。それは物語のテーマや、そこから導き出されるムスリムへの指針や教訓に加えて重要な点です。つまりこれらの物語は、直接的にも間接的にもイスラームの理念や価値観への指針に満ちているということです。」（拙著『ハディースの中の物語』三六八－三六九ページ）

103　人間のカダル（定命）

アブドゥッラーはこのように伝えています。

最も誠実、正直で最も信頼が置ける人物であるアッラーの御使いは、ある時、このように語りました。

《あなた方は誰でも（その創造は）、母親の胎内において四〇日間でその組織が集められ、その後、同様の日数で凝血となり、それから同様にして肉塊となります。それから、アッラーは四つの言葉をもって天使を遣わされ、天使はその人間の将来の行いと寿命、生計、そして幸不幸を書き記します。その後、アッラーは彼に魂を吹き込まれるのです。

それで、ある者は現世で火獄の民となる行いをし、彼と火獄との距離がほんの一腕尺ほどまでに近づいても、先んじる定めのために楽園の民の行いをして楽園に入るでしょう。また、ある者は楽園の民となる行いをし、彼と楽園との距離がほんの一腕尺ほどまでに近づいても、先んじる定めのために火獄の民の行いをして火獄に入るのです。》

104　巡回する天使たち

アブー・フライラによれば、アッラーの御使いはこのように語りました。

《アッラーには、ズィクルする人々（アッラーの御名を唱える人々）を探し求めて往来を巡る天使たちがいます。そしてアッラーを念じる人々を見つけると、「あなた方のお務めを続けなさい。」と呼びかけて、最下層の天まで翼でその人々を取り囲みます。

（天使たちが戻ってくると）偉力並びない主は、天使たちよりもよく御存知でありながら、「われのしもべたちは何と言っているのか？」と問われます。

そこで天使たちはこのように言うでしょう。

「彼らはあなたを讃美し、あなたの偉大さを称え、あなたの栄光を称え、あなたの誉れを称えています。」

それで主が、「彼らはわれを見たのか?」と問われると、天使たちはこのように答えます。「もし彼らがあなたを見たならば、彼らはよりいっそうあなたに帰依し、よりいっそうあなたの誉れを称え、よりいっそうあなたに讃美を捧げることでしょう。」

次いで主が、「彼らはわれに何を求めているのか?」と問われると、天使たちは、「彼らは楽園を求めています。」と答えます。さらに、「彼らは楽園を見たのか?」と問われると、天使たちは、「いいえ、アッラーに誓って、彼らは楽園を見ていません。」と答えます。それで主が、「それでは、彼らが楽園を見たならばどうであろうか?」と問われると、天使たちはこのように言うでしょう。「もしも彼らが楽園を見たならば、彼らはよりいっそう熱心に楽園を望み、よりいっそう楽園を求め、よりいっそう楽園に入ることを願うでしょう。」

次いで主が、「彼らは何からの守護を(われに)願っているのか?」と問われると、天使たちは、「彼らは火獄からの守護を(あなたに)願っています。」と言います。それで、「彼らは火獄を見たのか?」と問われると、天使たちは、「いいえ、アッラーに誓って、主よ。彼らは火獄を見ていません。」と答えます。そしてさらに、「それではもしも火獄を見たならば、彼らはどうであろうか?」と問われると、天使たちはこのように言うでしょう。「もしも彼らが火獄を見たならば、彼らはよりいっそう業火から逃げたいと思い、よりいっそう業火を恐れることでしょう。」

するると、主はこのように仰せられるのです。「それではあなた方を証人として、われは彼らに恩赦を与えよう。」

それを聞くと、天使たちの　人が主にこのように言うでしょう。

「某は彼らの仲間ではなく、用事で彼らのところに来ただけなのです。」

しかし、主はこのように仰せられるのです。

「彼らの集まりでは同席者が不幸になってはならないのである。」》

105　三つの尋問

アルバラーゥ・ブン・アーズィブはこのように伝えています。

ある時、私たちはアッラーの御使いと一緒に葬儀に出かけました。御使いは墓のそばに座り、私たちはまるで頭に鳥を乗せているかのように静かにその周りに座りました。すると御使いは墓の方に体を傾けて、《私はアッラーに墓の懲罰からの守護を求めます。》と三度くり返し言い、このように話しました。

《信仰者が現世を離れ、来世に向かおうとする時には、天使たちが彼の許に降り立ちます。その時、天使たちはみな経帷子《きょうかたびら》と樟脳を持ち、まるで顔の上に太陽があるかのように光を放ちながら、その信仰者がいる場所から視線が及ぶ遥かかなたまで（みな整列して）控えます。それで、彼の魂がいよいよ体から抜き取られると、天地の間にいるすべての天使たちと天界にいるすべての天使たちが一斉に彼の祝福を祈るのです。すると、天界の各門は彼のために開かれます。それで各門を預かる天使たちはみな、彼の魂が自分の門から昇天するよう望み、アッラーに祈願します。それから彼の魂は昇天し、天使たちが、「主よ、これはあなたのしもべである某です。」と申し上げると、主はこのように仰せられるでしょう。

「彼を（土の中に）戻しなさい。われは人間たちをそれ（土）によって創り、その中へ戻し、そしてその中から再び取り出すと彼らに誓ったのである。」

一方、その信仰者は（土の中で）仲間の靴音を聞くのですが、仲間たちが去っていくと、彼の許に一人の天使がやって来て、このように問うでしょう。

「あなたの主は誰ですか？　あなたの宗教は何ですか？　あなたの預言者は誰ですか？」

そこで彼はこのように答えます。

「私の主はアッラー、私の宗教はイスラーム、私の預言者はムハンマドです。」

しかし、天使はさらに厳しい口調で彼にこのように尋問するのです。

「あなたの主は誰であるか？　あなたの宗教は何であるか？　あなたの預言者は誰であるか？」

それは信仰者が味わう最後のフィトナ（試練）であり、偉力並びないアッラーが聖なる書の中でこのように仰せられていることなのです。

〈アッラーは現世の生活においてもまた来世でも、堅固な（地歩に立つ）御言葉で、信仰する者たちを立たせられる。（イブラーヒーム章一四・二七）〉

それで信仰者は、再び天使にこのように答えます。

「私の主はアッラー、私の宗教はイスラーム、私の預言者はムハンマドです。」

すると天使は、「そのとおりです。」と言うのです。

その後、美しい顔をして良い香りを放ち、きれいな衣装を身につけたある者が彼の許にやって来て、

「アッラーからの恩寵と永遠の至福の吉報を喜びなさい。」と言うでしょう。そこで彼が、「アッラーはあなたに幸福の吉報をお伝えになりました。あなたは一体どなたですか?」と尋ねると、その者はこのように答えます。

「私はあなたの善行です。アッラーに誓って言いますが、あなたはかつて、アッラーに従うことにおいては迅速で、アッラーに背くことにおいては遅々たる者でした。ですからアッラーがあなたに良い報いを与えられますように。」

それから、彼のために楽園の門と火獄の門が一つずつ開かれ、このように告げられるでしょう。

「もしもあなたがアッラーに背いていたならば、これ（火獄）があなたの住処だったのです。しかしアッラーはその代わりにこの住処（楽園）をあなたに与えられました。」

それで彼は楽園の中を見て、このように言うでしょう。

「主よ、どうか審判をお急ぎ下さい。私が自分の家族や財産の許へ早く戻れるように。」

しかし主は、「ここに留まっていなさい。」と彼に命じられるのです。

一方、不信仰者が現世を離れ、来世へ向かう時には、荒々しく乱暴な天使たちが彼の許へ降り立ち、まるで（びっしりと）無数の歯が並んでついている鉄串から（絡み合う）湿った羊毛を取り去るように、その魂を抜き取るでしょう。

不信仰者の魂は血管と共に抜かれ、天地の間にいるすべての天使たちと天界にいるすべての天使たちが一斉に彼を呪うことでしょう。そして天界の門はすべて閉じられ、各門を預かる天使たちはみな、その魂が自分のところから昇天しないよう望み、アッラーに祈願します。それで不信仰者の魂が昇天し、天使たちが、「主よ、これはあなたのしもべである某の息子の某です。」と申し上げると、主はこのように仰せられるでしょう。

「彼を（土の中へ）帰しなさい。われはそれ（土）によって人間たちを創り、その中へ帰し、そして彼らをその中から再び取り出すと誓ったのである。」

それで、不信仰者が（土の中で）仲間の去っていく靴音を聞くと、彼の許に天使がやって来て、このように問うでしょう。

「あなたの主は誰ですか？　あなたの宗教は何ですか？　あなたの預言者は誰ですか？」

そこで彼が、「わかりません。」と答えると、天使は、「確かにあなたは悟りもせず、また唱えもしなかった。」と言うのです。それから、醜い顔をして醜い服を着た臭い匂いを放つある者が彼の許にやって来て、「アッラーからの卑しめと、永遠の懲罰の知らせを喜べ。」と言います。そこで不信仰者がその者に、「アッラーはあなたに凶報をお伝えになりました。あなたは一体誰ですか？」と尋ねると、その者はこのように言うのです。

「私はあなたの（行った）醜行です。あなたはアッラーに従うことにおいては遅々とし、アッラーに背くことにおいては迅速な者でした。ですから、アッラーがあなたに悪い報いを与えられますように。」

その後、手に鉄竿を持ち、目も見えず、耳も聞こえず、口も利けないある者が不信仰者の許に連れて来られます。その鉄竿は、それで山を打てばたちまち崩れて土になるほどのものです。そしてその者がその鉄竿で不信仰者を打つと、彼はたちまち土と化してしまうでしょう。しかしその後、アッラーは彼を再び元の姿に戻されるのですが、先の者が再び彼を打つと、彼は人間とジン〔天邪鬼のこと〕以外のすべてのものに聞こえる叫び声を上げることでしょう。》

アルバラーゥ・ブン・アーズィブは次のように伝えています。

《それから火獄の門が彼のために開かれ、業火の床が敷き詰められるのです。》

106 流れ星

アブドゥッラー・ブン・アッバースは次のように伝えています。

預言者の教友でアンサール〔援助者〕のある男は、次のように私に話しました。すなわち、ある夜、彼らがアッラーの御使いと一緒に座っていると、星が流れて明るい光を放ちました。すると、アッラーの御使いは彼らにこのように問いかけました。

《ジャーヒリーヤ〔無明〕の時代、あのような流星を見た時に、あなた方はどのように言っていたでしょうか?》

そこで、人々はこのように答えました。

「アッラーと御使いこそがよく御存知です。そのような時、私たちは、『今夜、偉大な男が生まれたのだ。』とか、『偉大な男が亡くなったのだ。』などと言ったものです。」

すると、アッラーの御使いはこのように言いました。

《流星は誰かの生死のために起こるものではありません。恩寵深き主であられ、その名も至高なる御方が何事か決定なされると、玉座に仕える天使たちは主の栄光を称え、次いでそれに近接して住む天上の住人たちも主を讃美します。そしてそれは、最下層の天界の住人たちに到達するまで続けられます。

その後、玉座に仕える天使たちに近接して住む天上の住人たちは、玉座に仕える天使たちに、「あなた方の主は何と仰せられましたか?」と尋ねます。すると主の御言葉が告げられ、天上の住人はその言葉を互いに尋ね合うのです。その情報はやがて最下層の天界に到達するのですが、ジンはそれを素早く盗み聞きして、その情報を仲間に運びます。それで天使たちはジンを見ると流星を投げるのです。もしも彼ら（ジンや占い師たち）がこうして運ばれた情報だけをそのまま告げるならばそれは真実ですが、彼らはその中に虚偽を交ぜて増幅させるのです。》

107 墓

アブー・サイードはこのように伝えています。

アッラーの御使いが彼の礼拝所に行くと、そこでは人々が（歯が見えるほど）大笑いしていました。そこで彼はこのように言いました。

《もしもあなた方がこの世の享楽を壊すもの（死）についてより多く話したならば、（今私が見たような大笑いをあなた方は忘れて）死のことで手一杯になるでしょう。だからこの世の享楽を壊すもの、つまり死について、多く話しなさい。

本当に墓はこのように言わない日はありません。

「私は異郷の家、私は孤独の家、私は土の家、私は蠢く虫の家である。」

そして信仰者のしもべが埋葬されると、墓は彼にこのように言うでしょう。

「ようこそいらっしゃいました。あなたは私の背の上を歩く者たちの中で、私が最も愛する者です。今日、私はあなたのことを任され、あなたは私の手に委ねられたのですから、私があなたのために何をするか御覧なさい。」

すると、彼のために墓は視線が届く遥かかなたにまで広げられ、それから楽園へ通じる門が開かれるのです。

また、醜悪なしもべ、あるいは不信仰者が埋葬されると、墓は彼にこのように言うでしょう。

「あなたは全くもって歓迎されない。私の背の上を歩く者たちの中で、あなたは私が最も嫌う者です。今日、私はあなたのことを任され、あなたは私の手に委ねられたのですから、私があなたに何をするか見てみなさい。」

すると、彼の上で墓は狭まり、彼の肋骨は合わさって互い違いになるのです。》

アッラーの御使いはそう言って両手の指を組み合わせて見せてから、このように続けました。

《それからアッラーは、彼に七〇匹の巨大な大蛇を遣わされるでしょう。それらの大蛇は、もしもその中の一匹が地上で息を吹きかければ、この世界が存在する間中、何も生えなくなってしまうほど恐ろしく巨大なのです。大蛇は彼を噛んで引っ掻くのですが、それは彼の清算が終わるまで続くことでしょう。》

そしてアッラーの御使いはこのように言いました。

《墓は天国の楽園の一つであるか、あるいは火獄の穴の一つであるか、どちらかなのです。》

アブー・イーサー・アッティルミズィー（本ハディースの収集者）はこのように述べています。

「これは良好なハディースであり、また、ただ一人の伝承者が伝えた伝承である。我々はこの伝承者経路でのみ、このハディースを知っている。」

108　風よりも強いもの

アナス・ブン・マーリクによれば、預言者はこのように語りました。

《偉力並びないアッラーが大地を創造なさった時、それは揺れ出しました。そこで山々を創造なさって大地の上に置かれると、大地はしっかりと固定されて動かなくなりました。天使たちは山々の創造を見て驚き、主にこのように尋ねました。

「主よ、あなたが創造なされた物の中で山よりも強いものがあるでしょうか？」

すると主は、「それは鉄である。」と仰せられました。

次いで天使たちが、「主よ、あなたが創造なされた物の中で鉄よりも強いものがあるでしょうか？」と尋ねると、主は、「それは火である。」と仰せられました。

それで天使たちが、「主よ、あなたが創造なされた物のなかで火よりも強いものがあるでしょうか？」と尋ねると、主は、「それは水である。」と仰せられました。

さらに天使たちが、「主よ、あなたが創造なされた物のなかで水よりも強いものがあるでしょうか？」と尋ねると、主は、「それは風である。」と仰せられました。

次いで天使たちが、「主よ、あなたが創造なされた物のなかで風よりも強いものがあるでしょうか？」と尋ねると、主はこのようにお答えになったのでした。

「それは、右手で施しをしておいて、それを左手で隠すような人である。」》

109　楽園で主に養われている者

イブン・アッバースによれば、アッラーの御使いはこのように語りました。

《あなた方の兄弟（同胞）がウフドの戦いで殺害された時、アッラーは彼らの魂を（楽園に暮らす）緑の鳥たちの体内に置かれました。その鳥たちは楽園の河の水を飲み、楽園の果実を食べ、主の玉座の陰に吊るされた黄金の巣へ帰って休むのです。それで彼らは、（楽園での）自分たちの食べ物や飲み物や昼寝場所の素晴らしさを知ることができ、このように言いました。

「私たちがここで生き、主に扶養されていることを、私たちに代わって同胞たちに伝えてくれる者はいないだろうか？　彼らが（死を恐れて）ジハードを放棄し、戦いにおいて臆病でいることがないように。」

すると讃美されるべきアッラーは、「あなたたちに代わって、われが彼らにそれを告げよう。」と仰せられ、次の聖句を下されたのでした。

〈アッラーの道のために殺害された者を、死んだと思ってはならない。いや、かれらは主の御許で扶養されて、生きている。（イムラーン家章三・一六九）〉》

110 啓示

アブドゥッラー・ブン・マスウードによれば、アッラーの御使いは次のように語りました。

《アッラーが啓示の言葉を語られると、天上の住人は、まるで滑らかな大きな石の上で鎖が引きずられるような雷電の大轟音を耳にして、気を失います。しかしやがてジブリールが現れると彼らの心から恐怖が消え去り、彼らは、「ジブリールよ、主は何を仰せられたのですか？」と尋ねます。そこでジブリールが、「真実です。」と言うと、彼らは口々に、「真実だ、真実だ。」と言うことでしょう。》

111 しもべの許を次々と訪れる天使たち

アブー・フライラによれば、アッラーの御使いは次のように語りました。

《ある天使たちは夜間に、また別の天使たちは昼間に、次々とあなた方の許を訪れ、あなた方のファジュル（日の出前）の礼拝とアスル（午後）の礼拝の時にみな集まります。それで、あなた方のところで夜を過ごした天使たちが昇天すると、主は誰よりも良く御存知でありながら、「あなた方がわがしもべの許を去る時、彼らはどうしていたのか？」と彼らに問われます。

そこで彼らはこのように答えるでしょう。

「私たちが彼らの許を離れた時、彼らは礼拝を捧げていましたし、私たちが彼らの許に来た時にも彼らは礼拝を捧げていました。」》

112　死の訪れ

アブー・フライラによれば、預言者はこのように語りました。

《死者の許には天使たちがやって来ますが、それが善人である場合には、天使たちはこのように告げるでしょう。

「善良なる体に宿った善良なる魂よ、称えられながら出て行きなさい。慈悲と芳香の善い報せと、もはやあなたに怒りを抱かれない主の吉報を喜びなさい。」

天使たちは死者の魂が（体から）出て行くまでそのように言いつづけ、やがて魂と共に昇天するのです。するとその魂のために門が開かれ、「これは誰か？」と問われます。そこで天使たちが、「某です。」と答えると、このように告げられるでしょう。

「ようこそ、善良なる体に宿った善良なる魂よ。称えられながらお入りなさい。慈悲と芳香の善い報せと、もはやあなたに怒りを抱かれない主の吉報を喜びなさい。」

そしてそれは、偉力並びないアッラーがいらっしゃる天上に到着するまで続くことでしょう。

一方、死者が悪人である場合、天使はこのように告げるでしょう。

「醜悪な体に宿った醜悪な魂よ！　責めを負いながら出て行きなさい。煮えたぎる湯と膿、そしてその二つと同様に一対となった多くの責め苦の報せを喜べ。」

天使は死者の魂が（体から）出て行くまでそのように言いつづけ、それからその魂と共に昇天するのです。しかし、その魂のためには門は開かれず、「これは誰か？」と問われます。そこで天使が、

「某です。」と答えると、このように告げられるでしょう。

「醜悪な体に宿った醜悪な魂よ、あなたは全くもって歓迎されない。責めを負いながら戻るがいい。天界の門はあなたには開かれないのである。」

それでその魂は天界から送り返され、墓の中に戻るのです。》

113　アッラーの道のために殺害された者たち

ジャービル・ブン・アブドゥッラーはこのように伝えています。

ウフドの戦いでアブドゥッラー・ブン・アムル・ブン・ハラームが殺害された時、アッラーの御使いは私に出会うとこのように言いました。

《ジャービルよ！　アッラーがあなたの父上にどのように仰せられたのか、教えましょうか？》

またヤフヤーが伝えるところによれば、御使いはこのように言いました。

《ジャービルよ！　あなたはどうして打ちのめされているのですか？》

そこで私はこのように答えました。

「アッラーの御使いよ！　私の父は扶養家族と借財を残して殉教してしまったのです。」

すると御使いはこのように言いました。

《アッラーがあなたの父上にお会いになった吉報をあなたに告げましょうか？》

そこで私が、「はい、アッラーの御使いよ！」と答えると、彼はこのように話しました。

《アッラーは覆いの後ろからしか誰にも語りかけられませんが、あなたの父上には直接語りかけられ、このように仰せられたのです。

「わがしもべよ！　われに望みのものを言いなさい。それは与えられよう。」

そこで、あなたの父上はこのように答えました。

「主よ、私をもう一度生き返らせて下さい。そうすれば、あなたの道のために私は再び殺害され（て殉教し）ましょう。」

しかし讃美されるべき主はこのように仰せられたのです。

「人が死ねばもう元の世に戻らないことは、既にわれが定めたことなのである。」

すると父上は、「主よ！　それでは、私の後に続く者たちに（殉教者への吉報を）どうか伝えて下さい。」と言いました。それで主は次の聖句を下されたのでした。

〈アッラーの道のために殺害された者を、死んだと思ってはならない。いや、かれらは主の御許で扶養されて、生きている。（イムラーン家章三・一六九）〉》

114　偉大なる言葉

アブドゥッラー・ブン・ウマルによれば、アッラーの御使いは次のように語りました。

《アッラーのあるしもべはこのように主を讃えました。

「主よ！　あなたに称賛があらんことを。その御慈顔の荘厳さとその御力の偉大さはあなたこそがお持ちになるべきものです。」

しかし、（行いを記録する役目の）二人の天使にとってこの言葉は困難で、どのように書き留めたらよいかわかりませんでした。そこで天使たちは昇天し、主にこのように言いました。

「我らの主よ！　あなたのしもべは、我々がどのように書き留めればよいかわからないような言葉を唱えました。」

アッラーはそのしもべが何と言ったか御存知なのですが、天使たちに、「わがしもべは何と言ったのか？」と問われます。そこで天使たちはこのように報告しました。

「主よ、彼は、『主よ、あなたに称賛があらんことを。その御慈顔の荘厳さと御力の偉大さはあなたこそがお持ちになるべきものです。』と言ったのです。」

すると、偉力並びないアッラーはこのように仰せられたのでした。

「そのしもべがわれにまみえる日まで、彼が言ったとおりに書き留めておきなさい。われはその言葉について、いずれ彼に報いよう。」》

115　アッラーは某を愛でられる

アブー・フライラによれば、アッラーの御使いはこのように語りました。

《アッラーはあるしもべを好まれると、「われは某を好ましく思っている。ゆえにあなたも彼を愛しなさい。」とジブリールに仰せられます。それでジブリールはその者を好ましく思い、それから天界の民に向かって、アッラーは某を愛でられているので、あなた方も彼を愛しなさい、と呼びかけるのです。

そうすると天界の民はみなその者を愛し、それから地上で彼のための受け入れが行われるのです。

またアッラーがしもべのある者を憎まれる時にも。》

マーリク（本ハディースの収集者）はこのように伝えています。

「彼（口述者）は、《憎しみについても同様です。》と言ったと思います。」

116 苦難と欲望

アブー・フライラによれば、アッラーの御使いはこのように語りました。

《アッラーは楽園と火獄を御創りになった時、天使ジブリールを楽園に送られて、このように仰せられました。

「さあ、楽園を見なさい。そして楽園の民のためにわれが用意したものを見なさい。」

そこでジブリールは楽園に行き、楽園とその民のために用意されたものを見ました。それで主の許へ戻ってこのように言いました。

「あなたの偉力に誓って言いますが、楽園について耳にするものは誰でも、是非ともそこへ入ろうとすることでしょう。」

すると主は命令を出され、楽園は苦難によって囲まれました。

それから主はジブリールにこのように仰せられました。

「もう一度楽園へ戻り、われが楽園の民に用意したものを見なさい。」

それでジブリールがもう一度楽園へ行ってみると、今度は楽園は苦難によって囲まれていたのです。

そのため、ジブリールは主の許へ戻るとこのように言いました。

「あなたの偉力に誓って言いますが、私は誰もあそこに入ることができないのではないかと心配です。」

次に主はジブリールにこのように仰せられました。

「火獄へ行きなさい。そして火獄とその民のためにわれが用意したものを見なさい。」

そこでジブリールが火獄へ行くと、そこでは業火が重なり合って燃え盛っていました。それで彼は主の許へ戻るとこのように言いました。

「あなたの偉力に誓って言いますが、火獄について耳にした者は誰でも、決してそこに入ろうとはしないでしょう。」

すると主は命令を出され、火獄は欲望によって囲まれました。

それから主はジブリールに、「火獄へもう一度行きなさい。」と仰せられました。それでジブリールがまた火獄へ行ってみると、こんどは火獄は欲望によって囲まれていたのです。そのため、彼は主の許に戻ってこのように言ったのでした。

「あなたの偉力に誓って言いますが、私は誰一人救われることなく火獄へ入ってしまうのではないかと心配です。」》

アブー・イーサー・アッティルミズィー（本ハディースの収集者）は、これは良好で真正なハディースである、と述べています。

117　信仰者と不信仰者

アブー・サイード・アルフドゥリーによれば、預言者は次のように語りました。

《ある時、ムーサーは主にこのように訴えました。

「主よ、あなたの信仰者のしもべは現世で苦しんでおります。」

その時、楽園の門が開かれ、ムーサーがそれを見ると、主は彼にこのように仰せられました。

「ムーサーよ、これが信仰者のためにわれわれが用意したものである。」

するとムーサーはこのように言いました。

「主よ、あなたの偉力とご威光に誓って言いますが、もしも信仰者が、あなたに創られた日から復活の日までその手足を切り落とされ、顔で引きずられつづけたとしても、これがその結末であるのなら、彼は何ら災いとは思わないことでしょう。」

また、ムーサーは主にこのように訴えました。

「主よ、あなたの不信仰者のしもべは現世で豊かな富に恵まれております。」

その時、火獄の門が開かれ、（ムーサーがそれを見ると）主は彼にこのように仰せられました。

「ムーサーよ、これが不信仰者のためにわれわれが用意したものである。」

するとムーサーはこのように言ったのです。

「主よ、あなたの偉力とご威光に誓って言いますが、もしも不信仰者が、あなたに創られた日から復活の日まで、現世のすべてを手にしつづけたとしても、これがその結末であるのなら、彼は何ら幸

福とは思わないことでしょう。」》

118　アーダムとムーサーの対話

ウマル・ブン・アルハッターブによれば、アッラーの御使いは次のように語りました。

《ある時、ムーサーは主にこのように言いました。

「主よ、アーダムに会わせて下さい。私たちと彼自身を楽園から追放せしめたアーダムに。」

そこで、主はムーサーをアーダムに会わせられました。それでムーサーが、「あなたが私たちの祖先であるアーダムですか?」と尋ねると、アーダムは、「はい、そうです。」と答えました。次いでムーサーは彼にこのように尋ねました。

「アッラーはあなたに御自身の霊を吹き込まれ、万物の名前を教えられ、また天使たちに対してあなたにサジダするよう命じられましたね?」

それでアーダムが、「はい、そうです。」と答えると、ムーサーはこのように問い詰めました。

「あなたはなぜ、私たちとあなた自身を楽園から追放せしめたのですか?」

するとアーダムは彼に、「あなたは誰ですか?」と尋ねました。それで彼が、「私はムーサーです。」と言うと、さらにこのように尋ねました。

「あなたはイスラエルの民の預言者で、アッラーが覆いの向こうから語りかけられ、あなたとの間にどんな使徒も置かれなかった方ですか?」

そこでムーサーが、「はい、そうです。」と答えると、アーダムは彼をこのように問い詰めました。

「先ほどの件は、私が創造される以前からアッラーの書の中に定められたことであるということを、あなたは知らないのですか？」

それでムーサーが、「いいえ、知っています。」と言うと、アーダムはこのように言ったのです。

「それでは、私が存在する以前に至高なるアッラーが先んじて定められていたことについて、あなたはなぜ私を責めるのですか？」》

そして、アッラーの御使いはこのように言ったのでした。

《（こうして）アーダムはムーサーを言い負かしました。（本当に）アーダムはムーサーを言い負かしました。》

【参　考】

最も慈悲深く、慈愛遍きアッラーの御名において

預言者ムハンマドと日本そして私

水谷　周

私が初めて預言者ムハンマド（アッラーの祝福と平安を）のことをはっきり意識したのは、小学校三、四年生の頃であった。それは父親が読むようにと言って買ってくれた、『アジアの歴史』といった類のタイトルの本で読んだ。

当時は日本の戦後、日もまだ浅い頃で、侵略を犯したアジア諸国とどうやって日本は関係を修復し、将来を築いてゆくかについて暗中模索の時代でもあった。昭和三十年代前半であった。

いずれにしてもその本の中に、イスラーム発展についての章が割に大きく取り上げられていたのであった。サラセン帝国などという名称も使われていた。イスラームの礼拝の仕方が図示されていて、その図中の人が長いターバンを巻いて、サウブのような衣を身に付けていたが、それを不思議な気持ちで長時間眺めていたこともあった。

そして預言者ムハンマド（祝福と平安を）だとされる全身の肖像画がその中に掲載されていたのだ。今から思うとそれは、オスマーン帝国のカリフの姿のようでもあったが、確かに同書の中では預言者

の肖像と銘打ってあった。

肖像画が掲げられるなどということは、今から思えば途方もないことであるが、当時の小学生にはさまざまな想像を掻き立てる素材となった。胸を張って長椅子の上に腰をかけて、顔は少し右手に傾け眼差しは真っ直ぐに向けられていた。このように比較的鮮明に思い出せるということは、少年の心に焼きつけられるものがしっかりあったということだろう。それはとくに、同書の数章前に仏教の誕生、といった章があって、そこでは痩せこけた修行中の釈迦の姿が掲載されていたのと自然と比較していたとも思われる。

幼い頃の不確かな思い出にあまり紙数を割くわけにはいかないが、それでもその後の人生の系譜を辿ると、上記の自然な比較は本当の重みを持ってくるようだ。つまり私にとっては、廃れた仏教に対して情熱のイスラームという対置関係で、イスラームがどんどん自分に近い存在となり、ついに改宗という結論に導かれたからである。

信仰を確信するというのには、もちろんいろいろな要素が絡んできたし、時間、それから種々の体験や人々との多岐にわたる出会いも必要な要因であった。読書、講義、勉学、思索、などなど、大半の人が辿る道を私も経ることとなった。ただし、預言者ムハンマド（祝福と平安を）がイスラームの躍動するエネルギーの具現として大きな存在感を占めてきていたことは事実であったし、その遠因の一つとして、子供心にあの書物が長い影響をもたらしていたとも考えられる。

自分自身よりも、そして自分の財産や子供よりも私（預言者）を愛するようにならなければ信者とはいえない、という意味の預言者伝承がある。それはあらゆる人徳と敬虔さの具現である、預言者ムハンマド（祝福と平安を）を愛する導師として慕い、憧れ、熱中するのは、それすなわち信仰であるのだから、この伝承の解釈に苦労はしない。

日本語的に言うと、アッラーと預言者（祝福と平安を）への愛情は車の両輪なのである……などと、私が説教師めいた言葉を使う必要はない。誰しも、そして日本でもすでによく知られているところであろう。

ただし中東に何年か過ごした日々と比べると、日本ではもっともっと第二の車輪に比重がかけられてよいのではないかという率直な感想を持っている。日本の地理的な遠隔さが、意識上の遠隔さにもつながっているかと理解されてくるのである。

預言者（祝福と平安を）の人と成り、高潔さと親しみやすさなどなど、その高徳は世界の偉人伝中の人であることは間違いない。そのような形でもっと日本で喧伝されてよいと思う。そのような時には歴史的事実は事実としても、話題選びとしてはあまり日本の文化から距離、あるいは違和感のある事柄は強調する必要もないと思っている。

たとえば、幼少の頃、天使によって預言者（祝福と平安を）の胸が裂かれる話は相当血生臭くて、信じるより先に目を逸らされる恐れもかなりある。しかし、これはアラブでは、預言者（祝福と平安を）の奇跡的な事象の好例として必ず顔を出すものである。

また、預言者（祝福と平安を）が行われた最初で最後の別離の大巡礼の時には、自分の年齢と同じ六三頭のラクダを自らの手で屠られた、といった件なども、血に染まって屠殺が進められたという凄惨な印象を与えないように配慮したいものである。その趣旨は、アッラーへの篤信の行為としての犠牲の重要性と、年齢と病身にもかかわらず預言者（祝福と平安を）は厭わずに敢行されたという点がポイントであるからである。

他方、繊細な感覚や人への細やかな配慮など、日本人としてすぐに心に響く諸側面は最も強調してよいであろう。また、いかに知恵者であったかということも日本人好みの話題である。カアバ聖殿の黒石を安置する際に揉め事にならないように、それを布に載せてその布の四つ角を四人の家長に持たせて平等な参画を確保したことなどは、あえて日本で言えば聖徳太子を彷彿させてあまりある話だ。具象的な事例が物事の説得力を増すことは言うまでもない。細やかな配慮を払いながら預言者ムハンマド（祝福と平安を）のあり方がもっともっと日本で知られるようにすることは、イスラームを紹介し身近なものにしてゆくうえでも大変に豊かな実りが得られるアプローチであると信じている。私自身も微力ながら、そのような内容の小冊子を日本語に翻訳したことがあり、いずれ陽の目を見ることを待ち望んでいる今日この頃である。

私にとっては、二〇〇六年冬の大巡礼の時に、マッカとアルマディーナで多数の預言者（祝福と平安を）の事跡に触れることができたことは、最も幸いであった。生涯でも一番衝撃的な場面に立ち会い、一番感銘深い瞬間を次々と通過することができたと思っている。ヒラー山やサウル山の洞窟、カアバ聖殿、その横に佇む生家、ミナーのマスジド・アルハイフやアラファのマスジド・ナミラなどである。またマッカから大変な岩漠の道をアルマディーナに向かった。これがヒジュラの道程だったのかと思うと、この荒々しい道程からこそ避難したいという気も湧いてきた。ただし今はすべて舗装完備の高速道路を大型バスで走り抜けるだけだが……。そしてアルマディーナのマスジド・クバー、マスジド・アルキブラタイン、さらにはもちろん、預言者マスジドそのものがある。

同マスジド内の預言者（祝福と平安を）の墓の周辺の人ごみは一通りではないが、その中に自分の身をおいてかしずき、跪く瞬間の感激は何にも代えがたかった。そこは預言者（祝福と平安を）の家と礼拝所の間に位置しているのだといったことなどは、ほとんど自分でも信じられなかった。しかしそれが眼前の事実であることは間違いなかった。

次々とくり広げられる絵巻を見ているような気分でもあった。そしてそれら、預言者（祝福と平安を）への思いと、アッラーへの熱情と、篤信であることの喜悦などが、もう渾然一体となってくるのが感じられた。それは細かい分析や解説を必要としていない。ただ有難く、ただ永劫たれ、と願う瞬間の持続であった。

真理を明かされ、真実を教えられた、そしてそのお陰でわれわれ後続の人間は、このような至福の時と明かりの灯された正しい真っ直ぐな道を歩むことができるのである。有難さと愛情と信念、これらは全く渾然一体のように感じられた。

真に、アッラーの祝福と平安をわれらの預言者ムハンマド（祝福と平安を）に祈念することとなるのであった。

（『ナウィーデーサハル』イスラミック・サークル・オブ・ジャパン、二〇〇八年七‐八月）

参考文献（アラビア語文献紹介は本文第1部13にあり、以下日本語書籍のみ）

アーイシャ・アブドッラハマーン『預言者の妻たち』徳増輝子訳、日本ムスリム協会、一九七七年。

アーイシャ・アブドッラハマーン『預言者の娘たち』徳増輝子訳、日本サウディアラビア協会、日本クエイト協会、一九八八年。

アブドゥル・ラヒーム・アルファヒーム編著『２００のハディース』大木博文訳注、日本ムスリム協会、一九九九年。

井筒俊彦『イスラーム生誕』人文書院、一九七九年、中公文庫、一九九〇年。

小杉泰『ムハンマド―イスラームの源流を訪ねて』山川出版社、二〇〇二年。

後藤明『マッカ』中公新書、一九九一年。

『40のハディース』黒田寿郎訳、イスラミックセンター・ジャパン、一九八〇年。

中野英二郎『アラビア紀行』明治書房、一九四一年。

ニサール・アフマド『コラーンとハディースの根本教義』全二巻、イスラミックセンター・ジャパン、二〇〇一年。

『日訳サヒーフ　ムスリム』全三巻、磯崎定基・飯森嘉助・小笠原良治共訳、日本ムスリム協会、一九八七年。

『ハディース（アルブハーリー伝）』全三巻、牧野信也訳、中央公論社、一九九三―一九九四年、中公文庫、全六巻、二〇〇一年。

藤本勝次『マホメット―ユダヤ人との抗争』中公新書、一九七一年。

野町和嘉『メッカ』岩波新書、二〇〇二年。

前嶋信次編『マッカ』芙蓉書房、一九七五年。

前野直樹『預言者ムハンマドの足跡を辿って〈前編・生誕からヒジュラまで〉―アフマド・クフターロー師の預言者伝講義より』ムスリム新聞社、二〇〇五年。

牧野信也『マホメット』講談社、一九七九年。

ムスタファー・アッスィバーイー『預言者伝』中田考訳、日本サウディアラビア協会、一九九三年。

山岡光太郎『世界の神秘境　アラビア縦断記』東亜堂書房、一九一二年（復刻版、青史社、一九八八年）。

		いて2822（4/2174）
138	265	アフマド伝承集『アルムスナド』（3/81）
139	265	アフマド伝承集：スンナ4702－カダル（5/78-79）

		本文はアルブハーリーが伝える表現によるもの。 ＊同上：創造の始め3223－天使について（6/306） ＊同上：タウヒード7429－至高なるアッラーの御言葉<*天使たちや聖霊（大天使ジブリール）は一日にしてかれの許に登る。（階段章4節）*>（13/415） ＊同上：タウヒード7486－主のジブリールとの会話と天使たちへの呼びかけ（13/461） ＊ムスリム伝承集：マスジド632－ファジュルとアスルの礼拝の徳とそれらの遵守（1/439） ＊マーリク伝承集『アルムワッタゥ』旅先での短縮礼拝について82－礼拝全般について（1/170）
133	259	＊イブン・マージャ伝承集：ズフド4262　死とそのための準備について（2/1423-1424） ＊アンナサーイー伝承集：葬礼1833－信仰者の魂が出ていく時、恩寵が与えられること（4/8-9）　複数の類似表現あり。
134	260	イブン・マージャ伝承集：序190－13：ジャハミーヤ（異端の一派）が否定されたことについて（1/68）
135	262	イブン・マージャ伝承集：礼節3801－アッラーを称える者たちの徳（2/1249）
136	263	＊マーリク伝承集『アルムマワッタゥ』詩について15－アッラーゆえに愛し合う２人の者について（2/952）　本文はマーリクが伝える表現。 ＊アルブハーリー伝承集：タウヒード7485－主のジブリールとの会話と、天使への主の呼びかけ、『ファトゥフ・アルバーリー』（13/461） ＊ムスリム伝承集：善行と近親の絆について2637－アッラーが僕のある者を愛でられると、他の僕たちも彼を愛するようになされること（4/203）
137	263	＊アフマド伝承集『アルムスナド』（2/332－333），（2/260） ＊アッティルミズィー伝承集：楽園について2560－楽園は苦難によって囲まれ、火獄は欲望によって囲まれていることについて（4/693-694）　本文はアッティルミズィーが伝える表現。 ＊アルブハーリー伝承集：リカーク6487－火獄は欲望によって覆われていることについて、『ファトゥフ・アルバーリー』（11/320） ＊ムスリム伝承集：楽園とその至福、その住人につ

126	249	＊アフマド伝承集『アルムスナド』(4/295-296、本文はアフマドが伝えるこの伝承の表現)、(3/233-234、アナス・ブン・マーリクによる伝承)、(2/364-365、アブー・フライラによる伝承) ＊アルブハーリー伝承集：葬礼1338－死者は靴音を聞く、『ファトゥフ・アルバーリー』(3/205、アナス・ブン・マーリクによる伝承－概略) ＊イブン・マージャ伝承集：ズフド4268－墓と試練について(2/1426-1427、アブー・フライラによる伝承) ＊アブー・ダーウード伝承集：スンナ4751－墓と墓の懲罰について(5/112-114、アナス・ブン・マーリクによる伝承) ＊同上：スンナ4750－墓と墓の懲罰について(アルバラーゥ・ブン・アーズィブによる伝承－概略、5/112) ＊アンナサーイー伝承集：葬礼－墓について(アナス・ブン・マーリクによる伝承－概略、4/97)
127	253	＊ムスリム伝承集：挨拶2229－占いと占師に頼ることの禁止(4/1750-1751) ＊アッティルミズィー伝承集：聖クルアーンの解釈3224-35サバア章(5/362-363) ＊アフマド伝承集『アルムスナド』(1/218)
128	254	＊アッティルミズィー伝承集：復活の日について2460-26(4/639-640) ＊アブドゥルカーディル・アルアンナウート師は、『ジャーミウ・アルウスール』の中で(11/170)、「このハディースの伝承経路は『ダイーフ』であるが、内容の一部については複数の根拠がある。」と述べている。
129	255	＊アフマド伝承集『アルムスナド』(3/124) ＊アッティルミズィー伝承集：聖クルアーンの解釈3369－96(5/454-455)
130	256	アブー・ダーウード伝承集：ジハード2520－ジハードの徳(3/32-33)
131	257	アブー・ダーウード伝承集：スンナ4738－聖クルアーンについて(5/105-106)
132	258	＊アルブハーリー伝承集：礼拝の時刻555－アスルの礼拝の徳、『ファトゥフ・アルバーリー』(2/33)

		＊アフマド伝承集『アルムスナド』(1/388)
122	241	アッティルミズィー伝承集：フィタン2208-36 (4/493)
123	242	アッティルミズィー伝承集：地獄について2599-10 (4/714)
124	246	＊アルブハーリー伝承集：預言者たち3332－アーダムとその子孫の創造について、『ファトゥフ・アルバーリー』(3/363)　本文はアルブハーリーが伝える表現。 ＊同上：創造の始め3208－天使について、『ファトゥフ・アルバーリー』6/303)「その創造は」という言葉はこの伝承からの付加である。 ＊同上：カダルの書（冒頭）6594 (11/477) ＊同上：タウヒード7454－至高なる御方の御言葉<*確かにわれの言葉は、わが遣わした僕たちに既に下されている。(整列者章171)*> (13/440) ＊ムスリム伝承集：カダル2643－母の胎内で人間が創造される方法と、生計、寿命、行い、幸不幸の定めについて (4/2643) ＊アブー・ダーウード伝承集：スンナ4708－カダルについて (5/82-83) ＊アッティルミズィー伝承集：カダル2137－行いは既に定められていることについて (4/446) ＊イブン・マージャ伝承集：序76－カダルについて (1/29) ＊アフマド伝承集『アルムスナド』(1/382, 414, 430)
125	248	＊アルブハーリー伝承集：祈願6408－偉力並びないアッラーの御名を念唱することの徳、『ファトゥフ・アルバーリー』(11/208-209)　本文はアルブハーリーが伝える表現。 ＊ムスリム伝承集：ズィクル（念唱）、ドゥアー（祈願）、タウバ（悔悟）、イスティグファール（赦しを願うこと）について2689－ズィクルの集会の徳 (4/2069-2070) ＊アッティルミズィー伝承集：祈願3600－アッラーには地上を巡る天使たちがいることについて (5/579-580) ＊アフマド伝承集『アルムスナド』(2/251-252)

		3167－預言者章（5/321-322）
112	229	アンナサーイー伝承集：殺人の禁止3997－殺人の罪の重大さ（7/84）
113	230	＊アフマド伝承集『アルムスナド』（3/40） ＊アッダーリミー伝承集：クルアーンの徳3268－雌牛章とイムラーン家章の徳（2/907-908）
114	231	アフマド伝承集『アルムスナド』（1/304）　アフマド・シャーキル師は彼が編纂した『アルムスナド』の中で、「このハディースの伝承経路は不明瞭ではないかと思う。」と述べている。
115	232	＊アンナサーイー伝承集：殺人の禁止3999－殺人の罪の重大さ（7/58）　本文はアンナサーイーが伝える表現。 ＊アフマド伝承集『アルムスナド』（1/222、イブン・アッバースによる伝承）
116	233	アフマド伝承集『アルムスナド』（3/230）
117	234	アッダーリミー伝承集：リカーク2713－アッラーが御慈悲によって火獄から連れ出す者（2/788）
118	234	＊ムスリム伝承集：復活の日、および楽園と火獄について－現世で最も裕福だった者が火獄を体験させられ、現世で最も劣悪な暮らしをした者が楽園を体験させられることについて（4/2162）　本文はムスリムが伝える表現。 ＊アフマド伝承集『アルムスナド』（3/253-254） ＊イブン・マージャ伝承集：ズフド4321－火獄について（2/1445）
119	235	アフマド伝承集『アルムスナド』（2/262）　アフマド・シャーキル師は彼が編纂した『アルムスナド』の中で、「このハディースの伝承経路は『サヒーフ』である。」と述べている（13/286）。
120	239	アッティルミズィー伝承集：聖クルアーンの解釈3136-18（5/302-303）
121	240	＊アルブハーリー伝承集：預言者3348－ヤージュージュとマージュージュの話、『ファトゥフ・アルバーリー』（6/382）』　本文はアルブハーリーが伝える表現。 ＊ムスリム伝承集：信仰222－アッラーがアーダムに対し、各1000人のうち999人の火獄の民を連れ出せ、と仰せられたことについて（1/201-202）

		＊イブン・マージャ伝承集：ズフド4339－楽園について（2/1452-1453）
102	216	ムスリム伝承集：ズフドとラカーイク2968（4/2279－2280）
103	217	＊ムスリム伝承集：楽園2829－楽園の民に対してアッラーのお喜びについて（4/2176）　本文はムスリムが伝える表現。 ＊アッティルミズィー伝承集：楽園について2555-18（4/689-690）
104	218	＊イブン・マージャ伝承集：ズフド4300－復活の日に望まれるアッラーの御慈悲（2/1437）　本文はイブン・マージャが伝える表現。 ＊アッティルミズィー伝承集：信仰2639－アッラー以外に神はないと証言して死んだ者について（5/24-25）
106	222	アフマド伝承集『アルムスナド』（2/168）　アフマド・シャーキル師は彼が編纂した『アルムスナド』の中で、このハディースの伝承経路は「サヒーフ」である、と述べている。（10/76）
108	224	＊アフマド伝承集『アルムスナド』（3/13、ダール・サーディル社編）　本文はアフマドが伝える表現。また彼はアブー・フライラによる同義のハディースも出典している（2/276）。アフマド・シャーキル師は彼が編纂した『アルムスナド』の中で（14/145）、このハディースの伝承経路は「サヒーフ」であると述べている。 ＊アッティルミズィー伝承集：楽園について2561－楽園と火獄との議論について（4/694）、「これは『ハサン・サヒーフ』のハディースである。」と彼は述べている。
109	225	アッティルミズィー伝承集：地獄について2586－火獄の民の食べ物について（4/707-808）
110	227	＊アフマド伝承集『アルムスナド』（2/58）　本文はアハマドが伝える表現。 ＊アッティルミズィー伝承集：聖クルアーンの注釈2961－雌牛章（5/207） ＊イブン・マージャ伝承集：ズフド4284－ムハンマドのウンマについて（2/1432）
111	228	アッティルミズィー伝承集：聖クルアーンの注釈

		市場について（アナス・ブン・マーリクによる伝承、2/796）
96	208	アッダーリミー伝承集：リカーク2700－復活の日の信仰者たちのサジダ（2/782）
97	209	＊アルブハーリー伝承集：預言者たち3350、『ファトゥフ・アルバーリー』（6/387） ＊同上：聖クルアーンの注釈4768, 4769、『ファトゥフ・アルバーリー』（8/499）
98	210	＊アルブハーリー伝承集：創造のはじめ3267－火獄の様子とそれが創造されたものであること、『ファトゥフ・アルバーリー』（6/331）　本文はアルブハーリーが伝えた表現。 ＊ムスリム伝承集：ズフドとラカーイク2989－善行を命じながら自らはそれを行わず、悪行を禁じながら自らはそれを行う者について（4/2290-2291）
99	211	＊ムスリム伝承集：フィタンと最後の時2940－ダッジャールの出現と彼の地上での逗留（4/2258-2259）本文はムスリムが伝える表現。 ＊アフマド伝承集『アルムスナド』（2/166）
100	213	＊ムスリム伝承集：信仰187－火獄から最後に連れ出される者について（1/174-175）　本文はムスリムが伝える表現。 ＊アフマド伝承集『アルムスナド』（3/25-26、アブー・サイード・アルフドリーによる伝承）、（3/74-75、アブー・サイード・アルフドリーとアブー・フライラによる伝承）
101	215	＊アルブハーリー伝承集：リカーク6571－楽園と火獄の住人について、『ファトゥフ・アルバーリー』（11/418－419）　本文はアルブハーリーが伝える表現。 ＊ムスリム伝承集：信仰186－火獄から最後に連れ出される者について（1/173） ＊アッティルミズィー伝承集：地獄について2595－火獄の業火は２度息をすることについて、また、タウヒードの民のうちで火獄から連れ出される者について（4/711）、クルアーンの注釈3198－サジダ章（5/347、アルムギーラ・ブン・シュウバによる伝承） ＊アフマド伝承集『アルムスナド（1/378-379、アブドゥッラー・ブン・マスウードによる伝承）』

		いて（2/1447） ＊アッダーリミー伝承集：リカーク2707－死が屠られることについて（2/786）
82	176	＊アフマド伝承集『アルムスナド』（2/510） ＊アルブハーリー伝承集『サヒーフ・アルブハーリー』（1/36、ダール・マタービウ・アッシャアブ社編）
85	185	＊ムスリム伝承集：統治1905－見栄や虚栄のために戦う者は火獄に落ちる（3/1513-1514）　本文はムスリムが伝える表現。 ＊アフマド伝承集『アルムスナド』2/322） ＊アッティルミズィー伝承集：ズフド2382－見栄や虚栄について（4/591－593） ＊アンナサーイー伝承集：ジハード3137－勇者だと言われるために戦う者（6/23）
87	189	＊アフマド伝承集『アルムスナド』（3/16-17, 3/11-12）（概略） ＊イブン・マージャ伝承集：60－信仰（1/23）
90	195	＊アルブハーリー伝承集：聖クルアーンの注釈4712、『ファトゥフ・アルバーリー』（8/395-396） ＊同上：預言者たち3340、『ファトゥフ・アルバーリー』（6/171） ＊同上：預言者たち3361、『ファトゥフ・アルバーリー』（6/395）
91	199	アフマド伝承集『アルムスナド』（3/325-326）
94	204	＊アッティルミズィー伝承集：聖クルアーンの注釈3105－ユーヌス章（5/286）　本文はアッティルミズィーが伝える表現。 ＊アフマド伝承集『アルムスナド』（4/332、ダール・サーディル社編） ＊イブン・マージャ伝承集：序187－ジャハミーヤ（＊訳注：異端といわれる一派の名前。ジャハム・ブン・サフワーンの一派）が否定されたことについて（1/67）
95	206	＊アッティルミズィー伝承集：楽園について2549－楽園の市場について（4/685-686）　本文はアッティルミズィーが伝える表現。 ＊イブン・マージャ伝承集：ズフド4336－楽園について（2/1450-1452） ＊アッダーリミー伝承集：リカーク2736－楽園の

		闘について。本文はアブー・ダーウードが伝える表現。 ＊イブン・マージャ伝承集：フィタン4089－戦闘(2/1369、ズー・マハマルによる伝承)
73	154	イブン・マージャ伝承集：フィタン4066－大地に現れる獣(2/1351)
74	155	＊イブン・マージャ伝承集：フィタン－ダッジャールのフィタンとイーサー降臨、そしてヤージュージュとマージュージュの出現　本文はイブン・マージャが伝える表現。 ＊アフマド伝承集『アルムスナド』(2/510-511、アブー・フライラによる伝承)
75	156	イブン・マージャ伝承集：フィタン－ダッジャールのフィトナとイーサー降臨、そしてヤージュージュとマージュージュの出現
77	165	＊アブー・ダーウード伝承集：マハディー4286-1(4/475-476)　本文はアブー・ダーウードが伝える表現。 ＊アッティルミズィー伝承集：フィタン2184－陥没について(4/478、サフィーヤによる伝承) ＊アンナサーイー伝承集：ハッジ2879－ハラムの神聖(5/207、ハフサ・ビント・オマルによる伝承)
79	173	＊アルブハーリー伝承集：リカーク6535－復活の日の報復、『ファトゥフ・アルバーリー』(11/395) ＊アフマド伝承集『アルムスナド』(3/13)
80	173	＊アルブハーリー伝承集：耕作－20、『ファトゥフ・アルバーリー』(5/27) ＊アフマド伝承集『アルムスナド』(2/511-512)
81	174	＊アルブハーリー伝承集：聖クルアーンの注釈4730、『ファトゥフ・アルバーリー』(8/428)　本文はアルブハーリーが伝える表現。 ＊ムスリム伝承集：楽園とその至福、そしてその住人について2849－高慢な者は地獄に、謙虚な者は楽園に入ることについて(4/2188) ＊アフマド伝承集『アルムスナド』(2/377, 2/423, 2/513、アブー・フライラによる伝承) ＊アッティルミズィー伝承集：聖クルアーンの注釈3156－20マルヤム章(5/315-316) ＊イブン・マージャ伝承集：ズフド4327－火獄につ

		ちに施した場合(5/55－56)
59	133	＊アッティルミズィー伝承集：クルアーンの注釈3047-6食卓章(5/252)　本文はアッティルミズィーが伝える表現。 ＊アフマド伝承集『アルムスナド』(1/391)
60	135	＊アフマド伝承集『アルムスナド』(2/323)　本文はアフマドが伝える表現。 ＊アブー・ダーウード伝承集：礼節4901－死者を罵ることの禁止(5/207-208)
61	136	アフマド伝承集『アルムスナド』(2/309-310)
62	138	アフマド伝承集『アルムスナド』(2/508)
63	139	アフマド伝承集『アルムスナド』(5/163-164)
64	140	アフマド伝承集『アルムスナド』(2/407)
65	141	＊ムスリム伝承集：衣服と装飾について2088－着用の衣服を自慢し、尊大に歩くことは禁じられている(3/1653)　本文はムスリムが伝える表現。 ＊アフマド伝承集『アルムスナド』(2/315) ＊アンナサーイー伝承集：装飾5326－イザールを引きずることは厳禁(イブン・オマルの伝承、8/206)
66	141	＊アルブハーリー伝承集：悪業2472－道から枝や人々を害するものを除去する者、『ファトゥフ・アルバーリー』(5/118)　本文はアルブハーリーがこの項目の中で伝える表現。 ＊同上：アザーン625－ズフルの礼拝を早めに行うことの徳、『ファトゥフ・アルバーリー』(2/139) ＊ムスリム伝承集：善行と親戚縁者関係1914－道路から歩行を邪魔する者を取り除くことは美徳(4/2021) ＊同上：統治1914－殉教者について(3/1521) ＊アッティルミズィー伝承集：善行と親戚縁者関係1958－道から障害物を取り除くことについて(4/341) ＊マーリク伝承集『アルムワッタゥ』集団礼拝6－夜と朝の礼拝について(1/130) ＊アブー・ダーウード伝承集：礼節5245－道から障害物を取り除くことについて(5/408)　複数の類似表現あり。
67	143	アフマド伝承集『アルムスナド』(5/67)
72	153	＊アブー・ダーウード伝承集：戦闘－ローマとの戦

		アンナーウート師編）『悔悟者たちの書』（p.69/71）
50	119	＊アルブハーリー伝承集：預言者たち3472-54、『ファトゥフ・アルバーリー』（6/512-513） ＊ムスリム伝承集：判決1721－論争者2人の間を判定者が調停することは好ましい（3/1345）　本文はムスリムが伝える表現であり、またムスリムが伝える伝承経路によるもの。 ＊アフマド伝承集『アルムスナド』（2/316） ＊イブン・マージャ伝承集：拾得物2511－宝を見つけた者（2/839）
51	121	＊ムスリム伝承集：悔悟2766－殺人者の悔悟を受け入れることについて（4/2118）　本文はムスリムが伝える表現。 ＊アフマド伝承集『アルムスナド』（3/20）（類似の伝承） ＊イブン・マージャ伝承集：血の代償2622－信者の殺人者の悔悟は受け入れられるか（2/875）
52	123	アルブハーリー伝承集：預言者たち3463－イスラエルの民について、『ファトゥフ・アルバーリー』（6/496）
53	124	アフマド伝承集『アルムスナド』（2/361）
54	125	アルブハーリー伝承集：保証2291－借金と負債の保証、『ファトゥフ・アルバーリー』（4/469）
55	127	＊ムスリム伝承集：ズフドとラカーイク3005－溝に飛び込む人々と魔術師と修道士と少年の物語（4/2299）　本文はムスリムが伝える表現。 ＊アフマド伝承集『アルムスナド』（6/16-18） ＊アッティルミズィー伝承集：クルアーンの解釈3340－星座章（5/437-439）
56	130	＊ムスリム伝承集：ズフドとラカーイク2984－貧困者へのサダカ（4/2288）　本文はムスリムが伝える表現。 ＊アフマド伝承集『アルムスナド』（2/296）
57	131	＊ムスリム伝承集：喜捨1022－サダカはたとえ受けるにふさわしくない者の手に与えられたとしても、サダカを行った者には報酬がある（2/709）　本文はムスリムが伝える表現。 ＊アフマド伝承集『アルムスナド』（2/322） ＊アンナサーイー伝承集：喜捨2523－知らずに金持

		(8/249)
37	100	アフマド伝承集『アルムスナド』(4/332)
38	102	＊ムスリム伝承集：善行と親戚縁者関係と行儀2550, 8－親孝行は任意の礼拝やそれに類するものに勝る(4/1976) ＊アフマド伝承集『アルムスナド』(2/395)
39	103	アフマド伝承集『アルムスナド』(2/395)
40	103	＊アルブハーリー伝承集：タウヒード7508－聖句*<かれらはアッラーの御言葉を変えようと望む。(勝利章15節)>*、『ファトゥフ・アルバーリー』(13/466-467) ＊同上：預言者たち(アブ　フライラによる伝承)3481-54、『ファトゥフ・アルバーリー』(6/514)
41	109	＊アルブハーリー伝承集：タウヒード7507－聖句*<かれらはアッラーの御言葉を変えようと望む。(勝利章15節)>*、『ファトゥフ・アルバーリー』(13/466) ＊アフマド伝承集『アルムスナド』(2/405)(概略)
42	110	＊アフマド伝承集『アルムスナド』(2/517) ＊アブー・ダーウード伝承集：ジハード2550－家畜や動物に関して命じられた事柄(3/50) ＊マーリク伝承集『アルムワッタゥ』(2/929-930)－食べ物と飲み物に関する事柄
43	111	アフマド伝承集『アルムスナド』(2/510)
44	112	＊アルブハーリー伝承集：傑出した者たち3612－預言者のしるし、『ファトゥフ・アルバーリー』(6/618) ＊アブー・ダーウード伝承集：ジハード2649－捕虜が不信仰を強要されること(3/108)
45	113	＊アルブハーリー伝承集：預言者たち3464－イスラエルの民のらい病の男と禿げ頭の男と盲目の男の話、『ファトゥフ・アルバーリー』(6/500) ＊ムスリム伝承集：ズフドとラカーイク2964(4/2275－2277)」
46	115	＊アルブハーリー伝承集：預言者たち3465－洞窟の話、『ファトゥフ・アルバーリー』(6/505-506) ＊同上：礼節5974－両親に孝行する者の祈りは応えられる(10/404) ＊イマーム・ムワッファクッディーン・クダーマ・アルマクディスィー伝承集(アブドゥルカーディル・

		＊ムスリム伝承集：功徳2371－親しい友イブラーヒームの美徳（4/1840-1841） ＊アフマド伝承集『アルムスナド』（2/403－404）
27	82	＊アルブハーリー伝承集：預言者たち3426－アッラーの御言葉<*われはダーウードにスライマーンを授けた。何と優れた僕ではないか。かれは悔悟して常に（われに）帰った。（サード章30節）*>、『ファトゥフ・アルバーリー』（6/458） ＊同上：預言者たち3427－アッラーの御言葉<*われはダーウードにスライマーンを授けた。何と優れた僕ではないか。かれは悔悟して常に（われに）帰った。（サード章30節）*>」、『ファトゥフ・アルバーリー』（6/458） ＊アンナサーイー伝承集：裁判官の礼節5403－裁判官（あるいは為政者）には、真実を明らかにするために自分が行わないことを『私は行う』と言う権限がある（8/236）（アブー・グッダ）
28	84	アッティルミズィー伝承集：聖クルアーンの解釈3149－洞窟章（5/309－312）
29	88	アフマド伝承集『アルムスナド』（2/318）
30	89	＊アルブハーリー伝承集：聖戦2819－聖戦のために息子を求めること、『ファトゥフ・アルバーリー』（6/34） ＊ムスリム伝承集：宣誓1654, 25－例外（3/1276）
31	91	＊アッティルミズィー伝承集：譬え2863－礼拝、断食、施しについての譬え（5/148-149） ＊アフマド伝承集『アルムスナド』（4/130）複数の類似表現あり。
32	94	アッティルミズィー伝承集：聖クルアーンの解釈3368-94（5/453-454）
33	96	＊アルブハーリー伝承集：預言者たち3404-31、『ファトゥフ・アルバーリー』（6/436） ＊アフマド伝承集『アルムスナド』（2/514-515）
34	98	＊アンナサーイー伝承集：狩と屠殺4358－蟻を殺すこと（7/210）
35	99	イブン・マージャ伝承集：礼拝とそれに関するスンナ1408－バイト・アルマクディスでの礼拝について（1/452）
36	100	アンナサーイー伝承集：裁判官の礼節5427-37

		(5/14-15)
15	55	＊アルブハーリー伝承集：治療5705－焼灼を受ける人、それを施す人、そして焼灼しない人の功徳、『ファトゥフ・アルバーリー』(10/155) ＊アフマド伝承集『アルムスナド』(1/271)
16	62	＊アフマド伝承集『アルムスナド』(1/383) ＊アッティルミズィー伝承集：復活について2497, 2498-49 (4/658-659)
17	64	＊アルブハーリー伝承集：証言2686－問題をくじ引きで決めること、『ファトゥフ・アルバーリー』(5/292) ＊アッティルミズィー伝承集：フィタン(試練) 2173-12 (4/470)
18	65	アルブハーリー伝承集：賃金2271－アスルから夕方までの報酬、『ファトゥフ・アルバーリー』(4/446-447)
19	66	アッティルミズィー伝承集：美徳3613－聖預言者の美徳
20	67	＊アフマド伝承集『アルムスナド』(1/267) ＊『マジュマウ・アッザワーイド』(8/260) 参照
21	68	アルブハーリー伝承集：アッラーの書とスンナによって身を守ること7283－アッラーの御使いのスンナを見習うこと、『ファトゥフ・アルバーリー』(13/250)
22	69	＊アフマド伝承集『アルムスナド』(2/6) ＊アッティルミズィー伝承集：譬え2871－アーダムの子孫とその定められた期間と希望についての譬え (5/153)　本文はアッティルミズィーが伝える表現。
23	70	ムスリム伝承集：ザカート1021, 75－アッラーの道のために財を費やす者と吝嗇な者の譬え (2/708-709)
24	76	アフマド伝承集『アルムスナド』(2/419)
25	77	アルブハーリー伝承集：預言者たち3365、『ファトゥフ・アルバーリー』(6/398－399)
26	80	＊アルブハーリー伝承集：預言者たち3358－至高なるアッラーの御言葉<*アッラーはイブラーヒームを親しい友にされたのである。(婦人章125節)*>、『ファトゥフ・アルバーリー』(6/388)　本文はアルブハーリーが伝えた表現による。

引用預言者伝承原書・出典一覧

本書： 伝承番号	原書： 掲載ページ	出典： 伝承者および伝承番号
1	16	＊アッダーリミー伝承集：序13－聖預言者の最初（の奇跡）はどのようであったか（1/12-13） ＊アフマド伝承集『アルムスナド』（4/184）
3	18	＊ムスリム伝承集：信仰161, 257－アッラーの御使いへの啓示の始まり（1/144）
4	21	＊アルブハーリー伝承集：創造の始め3231－天使について、『ファトゥフ・アルバーリー』（6/312-313）本文はアルブハーリーが伝える表現。 ＊アルブハーリー伝承集：タウヒード（神の唯一性）7389－アッラーは全聴にして全視であられる、『ファトゥフ・アルバーリー』（13/372-373） ＊ムスリム伝承集：聖戦と軍事遠征1795－多神教徒と偽信者から受けた聖預言者の迫害（3/1420－1421）
5	22	ムスリム伝承集：功徳843－預言者のアッラーへの信頼（4/1786-1787）、旅行者の礼拝と短縮について－危険時の礼拝について（1/576）
6	33	＊ムスリム伝承集：信仰162－御使いの夜の旅の奇跡、そして礼拝の義務付けについて ＊アフマド伝承集『アルムスナド』（3/148-149） ＊アンナサーイー伝承集：礼拝－礼拝の義務（1/221）（概略）
7	36	アフマド伝承集『アルムスナド』（2/359）
8	38	アフマド伝承集『アルムスナド』（1/4-5）
9	42	アフマド伝承集『アルムスナド』（1/368）
10	46	アッティルミズィー伝承集：譬え2860－僕たちに示されたアッラーの譬え（5/145）
11	47	アフマド伝承集『アルムスナド』（3/231-232）
12	47	アッティルミズィー伝承集：美徳3689－オマル・ビン・アルハッターブの美徳（5/620）
13	49	＊アルブハーリー伝承集：夢の解き明かし7047－朝の礼拝後の夢の解き明かし、『ファトゥフ・アルバーリー』（12/438） ＊アフマド伝承集『アルムスナド』（5/8-9）、

クルアーン引用章・節索引

（節：記載ページ数）

原著者

ムハンマド・ブン・ハサン・アルジール

イマーム・ムハンマド・ブン・サウード・イスラーム大学教授。同大学アラビア語学士号、カイロ大学博士号取得。1983年よりイマーム大学にて教鞭をとり、大学図書館長、アラビア語学部長を経て、2005年より、在東京アラブ イスラーム学院長。『ウマイヤ朝詩における生と死』ダール・ミヤ社、リヤード、1989年。『預言者伝承における預言者の語る物語』ファハド国王図書館番号9960-34-211-5、リヤード、1997年、など。

編訳者

水谷　周 (みずたに　まこと)

京都大学文学部卒、米国ユタ大学中東センター博士（歴史）。アラブ イスラーム学院学術顧問。著書『イスラーム信仰とアッラー』知泉書館、2010年、など。

訳者

サラマ・サルワ

鳥取県生まれ、1985年大阪音楽大学卒業後、イスラーム入信。在カイロのナイル語学センター卒業。アラビア語翻訳に従事。

イスラームの預《よ》言《げん》者《しゃ》物語《ものがたり》　ISBN978-4-336-05206-3

平成22年6月15日　初版第1刷発行

編訳者　水　谷　　周

発行者　佐　藤　今　朝　夫

〒174-0056 東京都板橋区志村 1-13-15

発行所　株式会社　国　書　刊　行　会

電話 03(5970)7421　FAX 03(5970)7427

E-mail: info@kokusho.co.jp　URL: http://www.kokusho.co.jp

落丁本・乱丁本はお取替えいたします。　印刷 モリモト印刷㈱　製本 ㈱ブックアート

5 水谷周著

イスラーム建築の心―マスジド

イスラーム建築の粋は礼拝所であるマスジド（モスク）である。いかに豪華、壮大、多様であっても、その中核的な心は、礼拝における誠実さ、忍耐、愛情、禁欲、悔悟などの徳目に力点が置かれる。

6 飯森嘉助編著

イスラームと日本人

イスラームは日本人にとって、どのような意味を持ちうるのか。イスラームと日本人の接点を回顧し、今後の可能性と問題をまとめる。（飯森嘉助、片山廣、最首公司、鈴木紘司、樋口美作、水谷周）

7 河田尚子編著

イスラームと女性

イスラーム本来の教えでは、男女平等が唱えられている。何が問題になるのか、教えの基本に立ち返って論じる。（金山佐保、齊藤力二朗、前野直樹、永井彰、松山洋平・朋子、リーム・アハマド他）

8 徳永里砂訳著

イスラーム成立前の諸宗教

イスラームの登場した紀元七世紀以前のアラビア半島の宗教状況は、従来、ほとんど知られていなかった。わが国で初めて本格的にこのテーマに取り組む。（徳永里砂、アブドゥル・ラティーフ）

9 水谷周著

イスラーム現代思想の継承と発展

イスラームの現代における政治、社会思想は、どのように継承発展させられているのか。著名な学者父子の思想的な関係を通じて実証的に検証し、アラブ・イスラム社会の家族関係の重要性も示唆。

10 水谷周編著

イスラーム信仰と現代社会

政治、経済、そして安楽死や臓器移植など、現代社会を取り巻く多岐にわたる諸問題に、イスラーム信仰の立場から、どのように捉え対応していくべきかに答える。（奥田敦、四戸潤弥、水谷周他）

アラビア語翻訳講座　全3巻

水谷　周　著

中級学習者のためのアラビア語テキスト

これまでなかった独学可能なテキスト！

アラビア語を実践力にする 待望のレッスン本

アラビア語翻訳講座を全3巻に収録。

全3巻

❶アラビア語から日本語へ——B5判・並製・約200ページ　定価：1470円(税込)

❷日本語からアラビア語へ——B5判・並製・約110ページ　定価：1365円(税込)

❸総　集　編——B5判・並製・約110ページ　定価：1365円(税込)

❶バラエティに富んだ素材——

新聞語、文学作品、アラブ人の作文練習帳に出てくる伝統的文体——

❷政治・経済・文化……日常的に接するほとんどの分野をカバー!!

単語集、表現集としての活用も!!

❸前2巻の総ざらい——

文章構成・成句・伝統的言い回し、発音と音感まで……。

アラビア語の歴史

水谷 周 著

アラビア語は世界最大クラスの言語!!

「クルアーン」の言語である
アラビア語の源泉から現代まで解説。
――アラビア語史の画期的入門書

四六判・並製・200ページ　定価：1890円（税込）

【収録内容】アラビア語の出自―セム語について、イスラーム以前の状況、イスラーム以降の充実…文字と記述法の成立・文法整備・辞書の編纂…、アラビア語拡充の源泉、アラビア語文化の開花―詩・韻律文・そして散文、アラビア語の地域的拡大、アラビア語の語彙的拡大、近代社会とアラビア語、現代アラビア語の誕生、アラビア文字と書体例、分野別アラビア語辞書一覧（注釈付）、アラブ報道と現代史……